JN006092

顧客に選ばれ続ける

「CPO×LTV」で成長する

D2C・通販担当者
が知っておくべき、
ビジネス成功の
設計図

強い リピート 通販事業の作り方

株式会社プラスアルファ・コンサルティング
梅田哲平＋山崎雄司＋中居 隆

CROSSMEDIA PUBLISHING

はじめに
──D2C時代のリピート通販ビジネスを考える

本書は、通信販売やD2C*1、サブスクリプションといったリピート型のビジネスモデルに携わる実務担当の方に向けて書いた1冊です。さらに、通販ビジネスへの新規参入を考えている経営者の方、事業責任者の方にとっても好適な書となるように編んでいます。特に最近ではコロナショックが起こり、私たちの生活様式や購買行動、市場のあり方は大きく変わりました。そうした急激な変化に対峙するために「学び直し」を考えている方にとっても、本書を通じて得るものはきっと大きいはずです。

まずは本書が想定する読者層として、次の3つの特徴すべてに当てはまる方はぜひ読み進めていただければと思います。

(a) 自社企画やオリジナルの商品を持っている
(b) 自社で直接顧客に商品を販売し、かつ、繰り返し購入されることを想定したビジネスモデルである
(c) 顧客の購買履歴など、顧客を理解するためのデータを入手できる

---

*1 D2C："Direct to Consumer"の略で、メーカーやブランドが自社で企画・製造した商品を、問屋や小売業者を介さず、自社のECサイトなどを使って直接消費者に販売する仕組み。

(a) は、扱う商材に関しての定義です。他社商品の仕入型通販などは、本書の内容に含みません。
(b) は、Amazon、楽天市場などに代表されるECモールのみでの販売、テレビショッピングへの商品卸は本書の内容と合致しません。同種商品が比較的短期間に繰り返し購入されることを想定しない住設機器や家電製品、無形の情報商材および役務サービスなどのカテゴリーも同様です。
(c) は、(a) と (b) の特徴を補足するものです。

上記の3つの特徴は、リピート通販事業の基本的なビジネスモデルの定義でもあります。これらの定義をすべて満たしたビジネスは、たとえば自社発信で広告を出し、顧客の反応を得ることができるなど、戦略の自由度が高く、次の一手を打ちやすいといった優位性があります。

本書では、リピート通販のもっとも重要な指標ともいえるLTV（=Life Time Value：顧客生涯価値）を最大化することを目的としたマーケティングの基本戦略を記しました。基本的なマーケティングミクスの4つのP——「Product：製品」「Price：価格」「Promotion：プロモーション」「Place：流通」に立脚しながら、さらに実行に不可欠な「人」、つまり「組織」の要素を加えて構成しています。

具体的には、本書ではリピート通販におけるサプライチェーンの中で、4ページの図に示す「商品」の一部、および「販促」「受注」「CS (Customer Satisfaction)」の領域における基本戦略を解説しています。

「D2C」という概念が広まって久しいですが、ダイレクトに顧客と繋がるということは、他社の影響を受けることなく顧客に直接提案できるというメリットがある一方で、顧客や市場の変化・時流に対応できる仕組みを作り、顧客への提供価値を最大化し続けなければ、「選ばれ続ける企業」にはなりえないという側面もあります。

顧客や市場が加速度的に変化している今、顧客を満足させ続けるためには、単に売上や利益の状況を把握するだけでは足りず、リアルな顧客像に迫る必要があります。さまざまなデータから一人ひとりの顧客を想像しリアルな顧客像に迫ることで、先手を打つ施策を立案し続けることが求められます。リピート通販ビジネスを成功させるには、この発想が不可欠です。

本書で紹介する戦略は、筆者独自の考えや手法もありますが、あくまで「基本」を記した内容です。高度なスキルやノウハウを求める方には物足りなく思える部分もあるかもしれません。しかし本書で示す「基本」を知らずしてリピート通販事業を成功させることはできないのです。

リピート通販ビジネスを行なう企業・事業において、「こうすれば絶対に成功する」という法則はありません。成功している企業を見ると、実にさまざまな手法を駆使しているように見えますが、その成功は手法の特異さに起因するものではありません。企業理念や哲学が落とし込まれていること、加えてリピート通販事業の基本的な戦略を実践していることが、成功要因となっているケースが多いのです。昨今の変化する環境のなかでは、基本に即した施策を繰り返す中から自社に最適なやり方を見出していくことで、継続的な事業の成功へと至ることができるのです。

場合によっては、それは気が遠くなるような過程を伴うかもしれません。ただし、成功の確率が10回中たった1回だったものが、5回、6回となればいかがでしょうか。事業へ取り組むスタンスや投資へのマインドも、確実に変わってくるはずです。基本戦略の理解と実践こそが成功の確率を高める方法なのです。

本書では、筆者がこれまで関わったリピート通販事業やD2C事業の立ち上げ、成長支援などの経験を通じて得たノウハウについても、包み隠さず記載しています。「ノウハウ」とは、「問題を整理する方法」であり、「得られた情報を読み解くための手法」です。現役のコンサルタントが手の内を明かすということは、プロの料理人でいえば、オリジナルのレシピを公開するのに等しい行為です。それでもノウハウを開放するのは、リピート通販事業やD2Cビジネスの世界は、テクノロジーの進化とあいまって、常に進化し、発展し続けている奥深いビジネスだからです。進化の途上にあるビジネスでは、業界全体での本質的な議論を必要としています。議論を活発化させることで参入企業も増え、リピート通販ビジネス自体がさらに隆盛していくでしょう。

ここで、リピート通販ビジネスの流れと、ビジネスを成功させるために必要な戦略の全体像を簡単にご説明しましょう。

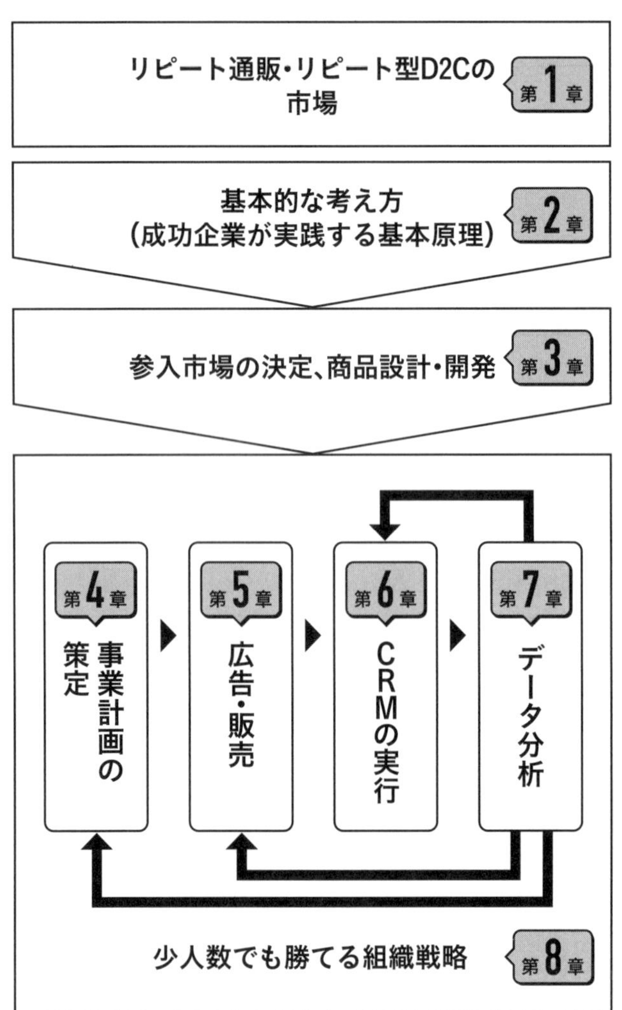

リピート通販ビジネスにおいて、最初のステップとなるのがビジネスの構造と、成功している企業が実践する基本原理を理解することです（第1章、第2章）。そのうえで参入市場を決めて商品設計・開発を行なったら（第3章）、具体的な事業計画を策定し（第4章）、広告戦略を立てて販売し（第5章）、CRMを実行してLTVを高める施策を実行しながら事業計画の実現に向けて進んでいくことになります（第6章）。

さらに、リピート通販においては、データ分析がとても重要です（第7章）。事業計画を立てても、計画上の目標の数値と実際の実績の数値が乖離するといったことが往々にして起こります。リピート通販事業を進めるうえでは、その都度データ分析によって乖離が生まれる要因を洗い出し、改善の施策を打ち続けることが求められます。データ分析の結果によっては、事業計画や販売方法、CRM施策を見直す必要が生じるかもしれません。リピート通販ビジネスは、顧客を満足させ続けることが成否を大きく左右します。そのためには、改善の施策を打ち続けることが求められます。そして、こうしたビジネスのサイクルを円滑に回すためには、組織として取り組むことが不可欠であり、ゴールに向かって横断的に取り組む組織づくりが大切です（第8章）。

習熟度の高い実務担当者においては、必ずしも章の順番通りに通読する必要はありません。優先順位の高いところや興味のあるところから読み進めていただくのでもかまいません。本書をデスクの傍らに置き、マーカーでどんどん線を引いてメモを書き込んでいただき、「読む」というよりも「使う」という感覚の書籍であってほしいと考えて執筆しました。もしも本書を読んでつまずいたときには、いつでも私たちにご連絡いただければと思います。

何度も読み返し、潜在的な問題を整理し、適切な施策が実践されたとき、本書は本当の意味で、手に取ってくださったあなたのものになると考えています。そしてマーカーやメモによって独自にアップデートされた本書は、「あなただけの実践ノウハウをまとめた本」になっていきます。こうして本書がみなさまに真の価値をもたらし、リピート通販業界の発展に寄与できることを願っています。

CONTENTS

第2章 リピート通販の収益構造

第3章 リピート通販の商品戦略

第 4 章　リピート通販の事業計画

1　事業計画の基本理解

2　事業計画の策定・実行の方法

第 5 章　リピート通販の広告戦略

1　広告戦略の基本理解

2　広告媒体

第1章

リピート通販ビジネスの現在

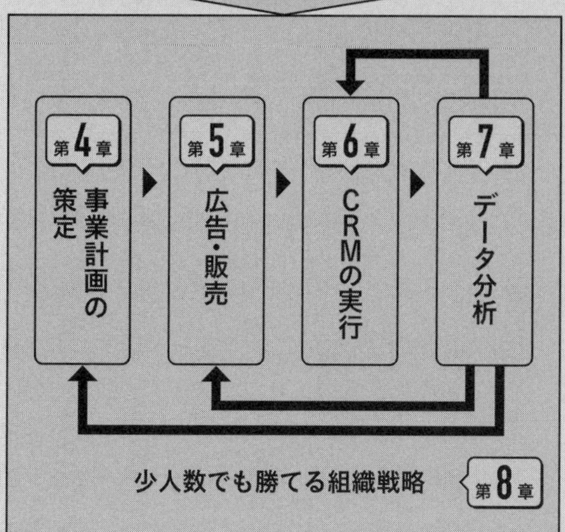

1 リピート通販ビジネス市場の現状

市場拡大 2つの背景

公益社団法人日本通信販売協会（JADMA）の統計調査によると、国内の通信販売の売上高は、2021年度において11兆4,600億円（前年比7.8%増）。23年連続の増加傾向で推移し、10年前に比べて市場規模はおよそ2倍と、高い伸び率で拡大を続けています。本書のテーマであるリピート通販も、堅調に成長し続けています。

直近の急激な伸び率は、新型コロナウィルスのまん延により、在宅時間が増えたことによる影響が大きいと考えられますが、長期にわたってかくも堅調な拡大を続けているのには、消費者側でいえばインターネットやソーシャルメディアの急速な普及、事業者側でいえばビジネスモデル全般におけるデジタル化の浸透という2つの背景があります。

こうした変化は、消費者とのコミュニケーションコストや情報処理コストの低下を促し、通販のビジネスモデルとしてのメリットである「少人数ローコストオペレーション」が最大限発揮できる環境を作り出しつつあります。消費者はスマートフォンから時間や場所を問わず、ほしい商品を気軽に購入でき、事業者側もデジタル・マーケティングやマーケティング・オートメーション*2を駆使し、以前よりも少人数で、大きな手間とコストを掛けずに顧客との関係性を強めることができるようになったのです。

新規参入企業が急増した理由

一般に、リピート通販のメリットの1つとして利益率の高さが挙げられます。中間業者を介さずに顧客と直接繋がることができるため、売上が上がるとそれに伴って利益も上がる構図になりやすいです。たとえば、年商が1億円から10億円に拡大したとしても、必要な人的リソースが10倍になることはありません。加えて、店舗ビジネスに比べると初期投資が少なくて済むというメリットもあります。つまりリピート通販ビジネスでは、顧客と良好な関係性を構築して継続的に購入してもらうことができれば、高い利益率を実現することができるのです。

こうした魅力からリピート通販ビジネスに参入する企業が増加し、逆に店舗を持つ小売やメーカーなどの業種業態においても、新たな顧客接点として通販事業を立ち上げるケースが多く見られます。事業全体の売上に対する通販事業の比率が高まることで、企業内で通販が存在感を増し、リソースを大きくシフトする企業も出てくるようになりました。

さらに、通販ビジネスのデジタル化を進めることで、メールや

*2　マーケティング・オートメーション：業務効率化や生産性向上などを目的としたマーケティング業務を自動化するための技術。

LINEを使って顧客の反応や意見をすぐさま取得・反映する「双方向性」や「即時性」といった利点が十分に発揮されることになります。

そのうえ、デジタル化の進展は企業にコストメリットを生み出し、以前と比べて通販ビジネスへの新規参入障壁を格段に低くしました。実際に資金力が豊富な大手のメーカーだけではなく、異業種からの参入や、比較的資金力の小さい通販専業や小売業、メーカーによるリピート通販市場への参入が進んでいます。

リピート通販ビジネスの立ち上げの難化

リピート通販への参入障壁が低くなる一方で、ここ数年で事業立ち上げの難易度は急激に上がっています。その要因はいくつかありますが、ひとつには参入企業が急激に増加したことで、他社商材との差別化が難しくなり、市場競争が激化したことが挙げられます。

また、リピート通販以外の業態との競合が増えたこともあります。たとえばドラッグストアなど店舗での品揃えが豊富な業態では、消費者はそこで商品に関する多くの情報を得ることができます。これまで通販と相性のよかった「説明商材」*3や「こだわり商品」も、最初にインターネットで調べても、そのあと店頭で確かめて購入するという消費者行動が広がりつつあり、通販として

---

*3　説明商材：含有成分や効果、効能、特色など、他社製品と比較検討してもらうために一定の説明が必要な商材。十分な説明機会のある通販ビジネスと相性がよい。たとえば健康食品などが挙げられる。

のチャネルの優位性が多少なりとも低下してしまっているのです。

さらに、多様化・複雑化するネット通販を巡るトラブルの増加を受けて、消費者を保護するための法規制や取締りが強化*4されたことも、通販事業の立ち上げを難しくする要因となっています。

リピート通販ビジネスで重要な指標の1つである「CPO（Cost Per Order＝新規顧客を獲得するために必要なコスト）」についても、10年ほど前に比べて明らかに高騰しています。たとえば、かつてはサンプル付チラシに対して問い合わせを含むレスポンス率*5が1%以上、媒体によっては3～4%ほどに及ぶこともありましたが、今ではそのようなケースはなかなか見られません。

消費者が広告に慣れてしまっていることも、新規顧客の獲得効率低下の要因です。デジタルネイティブと呼ばれる若年層は、自らほしい情報をネットやSNSなどから能動的に取りにいくことが当たり前となっています。たとえ自分の関心や興味に合った商品の広告でも、そもそも企業から発信されるメッセージ全般に対して拒否反応を示す層が存在します。

若年層に限らず、消費者が得られる情報量が格段に増えている現代においては、購入前にネット検索して競合商品と比較検討することが一般的になりました。そうした購買行動自体も、リピー

---

*4　法規制や取締りの強化：薬機法（医薬品、医療機器等の品質、有効性及び安全性の確保等に関する法律。旧薬事法）では効果効能などを第三者に記述させる際の規定が強まっている。また、定期購入申し込み時のトラブル増加に対応して、改正特定商取引法では、事業者は取引の基本事項について最終確認画面で明確に表示する必要があることを定めている（2022年6月1日施行）。

*5　レスポンス率：プロモーションを行なったときの反応率。広告効果を測定するために使われる指標の1つ。

ト通販立ち上げの難易度を上げているといえます。

以上のような消費者の変化に対して、通販事業を新規に立ち上げようとする企業側の問題もあります。異業種からの参入や、これまで通販事業の経験に乏しいメーカー系企業では、通販の投資回収モデルについて、社内の「説明する側」も「説明される側」も理解が不十分なために、上層部の理解を得られないケースが多くあります。また、そもそもの初期投資金額が売上目標に見合っていない、現実に即していないというケースも多く見られます。「一刻も早くコストを回収したい」と考えるのはしかたのないことですが、リピート通販はそんなに簡単に短期間で投資コストを回収できるビジネスではありません。この投資コストの回収については、次節でくわしく説明しましょう。

2 リピート通販ビジネスに存在する「3つの壁」と、壁を乗り越えるための「3つの理解」

リピート通販ビジネスの成功を阻む「3つの壁」

リピート通販事業に参入した企業が必ずと言っていいほど直面する「3つの壁」があります。「壁」とは「事業者が乗り越えるべき課題」と言い換えることができます。一つひとつ解説していきましょう。

第一の壁　立ち上げ直後の壁

広告出稿を開始した直後から目標や目安とするCPOの範囲内で、新規顧客を十分に獲得できる事業は、残念ながらなかなかありません。つまり、新規顧客の獲得を開始した直後から、広告クリエイティブの見直しや販促施策の軌道修正など、PDCAサイクルを回しながらCPOを改善していくことが求められるわけですが、思うような結果が出ないことで資金がショートし、撤退する事業者が一定数存在します。

この「立ち上げ直後の壁」の要因としては、市場の規模感への認識のズレによって事業計画自体が実現不可能である、固定費がかかりすぎている、テスト予算が小さすぎる、商品の差別化ができていないといった問題が挙げられます。そのほか、目先の結果がよい媒体しかやらない、タスクの担当や責任の所在が曖昧である、スケジュール管理がルーズである、正確な数値管理や計算ができていないといったケースも散見されます。

計画通りに進めるのは非常に難しいことですが、たとえまだ状態を把握するためのデータが限られる段階であっても、データを分析し、計画を微調整しながら進めていくことが大切です。新たに実施する施策だけではなく、すでに開始した広告施策のターゲット層や媒体、販売方法の見直しなどを含めて、その都度、戦略を検討することが求められます。

さらに、販売計画に対して大幅な未達が続くようであれば、計画自体も大胆に見直す必要があるかもしれません。新規顧客獲得の計画については、第4章でくわしく解説しましょう。

第二の壁　成長鈍化の壁

新規顧客獲得の効率が落ちた状態を成長の鈍化とか「踊り場」と呼ぶことがありますが、そうした場面は、立ち上げ直後の一回に限らず売上拡大の途上で複数回起こります。

この「鈍化」が訪れるタイミングは、商材の市場規模や利用する媒体によって異なりますが、年商20億円、60億円、100億円前後で足踏みする企業が多く見られます。こうしたタイミングは新規顧客獲得の低下、また既存市場に参入している場合には新たな競合の参入などシェア拡大の阻害要因が関連しているものと考えられます。

こうした状況を打破するために、多くの事業者は商品ラインナップの拡充や、新商品・新ブランドの投下を計画したりします。また、販売方法やマーケティング戦略を大幅に見直すという手も考えられます。

第三の壁　成長限界の壁

「成長鈍化の壁」を乗り越えたとしても、参入する商品の市場規模が限界に近づくと、新規顧客の獲得コスト（CPO）もさらに上昇し、新規獲得数が実質的な上限に達します。継続率もこれ以上上昇しないという限界点に達すると、離脱率と均衡した状態になります。この「規模的に拡大できない限界値」は理論上必ず起こるもので、マーケティング施策では乗り越えることができません。通販ビジネス関連の書籍等ではあまり取り上げられていませんが、私たちはこれを成長の限界と呼んでいて、事業者が複数商品を扱おうとする、あるいは扱うことになる背景でもあります。

「3つの壁」を乗り越えるための「3つの理解」

以上の3つの壁をどう乗り越えるか。そのために求められるのが、次の「3つの理解」です。これは通販ビジネスに対して持つべきスタンスそのものでもあり、個別の施策を考える前に理解しておくべき通販ビジネスの基本です。

理解1　リピート通販ビジネスの構造の理解

リピート通販で売上を拡大するためには、まずはリピート通販ビジネスの構造を理解することが必須です。しかし現実には、目先の施策結果にだけ注目し、全体構造を正しく理解していない事業者が散見されます。特に通販業界に参入して間もない事業者や、まだ予算が潤沢ではない事業者はこの傾向が強いようです。

たとえばリピート通販ビジネスは、「CPO」「LTV」といった指標の理解なくして語れませんし、コスト構造への理解も不可欠です。リピート通販ビジネスの開始時には、商品開発やシステム導入などのコストが発生します。1年目のコスト構造は事業を開発・開始するにあたって必要な初期コストであり、これを1年で回収するのは非常に難しいです。

リピート通販ビジネスは、顧客に購入し続けていただくことで収益を積み上げていくビジネスモデルであり、事業を継続させて累積で黒字化を目指すという姿勢が大切です。業種や業態、商材によって目指すべき投資回収期間は異なりますから、参入市場や商材の特徴をよく理解したうえで事業計画を策定する必要があります。他社のビジネスモデルを安直になぞらえるようなことは、絶対に避けなければなりません。

理解2　ポテンシャルの理解

売上を拡大するために新たに施策を行なう、または現在行なっている施策にコストをかける場合には、効果の影響範囲とインパクトを理解しておく必要があります。それは言い方を換えれば、KPI（Key Performance Indicator＝目標を達成するための重要業績評価指標）に対する変数のポテンシャルを理解するということです。

商材や商品、カテゴリーによって市場規模は異なりますから、それぞれの市場規模や拡大の可能性を理解して事業計画を立て、個々の施策を考える必要があります。「売上を拡大したい」という願望だけで事業計画を立ててはいけません。新規顧客の獲得効率も重要ですが、売上を拡大するためには、全体として目標値をクリアしているかという視点で見ることが大切です。たとえば、直近のCPOがよい媒体だけに限定し続けていると、遅かれ早かれその媒体は疲弊する、つまりその媒体のターゲット顧客を獲得しつくしてしまうことになります。KPIへの理解を深めるための分析の考え方は、第4章でお話ししましょう。

理解3　リスクの理解

新たに施策を実施することのリスク、逆に問題のありそうな施策の見直しを先送りしたり現状のまま放置するリスクを理解することで、施策の実施・見直しの優先順位を正しく設定することが大切です。

たとえば、一時的な利益を確保するために、新規顧客獲得のための広告を停止する事業者が見られます。短期的に利益は出ます

図表1-1　リピート通販の成功に必要な3つの理解

	リピート通販ビジネスにおける意味	目的、必要性
1．ビジネス構造の理解	・参入市場や商品の特性 ・CPO・LTVなど重要指標 ・コスト構造	・施策の進捗、良し悪しの判断 ・業種・業態、商品による投資回収期間の違いの理解 ・収支計画の策定
2．ポテンシャルの理解	・商品の市場性 ・ビジネスとしての拡張性	・施策の効果の範囲、売上へのインパクトの理解 ・市場規模、拡張性を踏まえた事業計画の策定、施策の設定・実行
3．リスクの理解	・ビジネスの「落とし穴」	・施策の優先順位、実施タイミングの判断 ・リスクヘッジ・リスクマネジメントの検討・実施 ・施策の効果検証（A/Bテスト）の計画・実施

が、新規獲得広告の停止期間が半年など長期間に及ぶと、翌年の売上が前年実績を割り込むといった影響が出る恐れがあります。さらに、その影響を挽回するために、停止期間以上の時間を要することもあります。

そのほか、顧客からのクレームを放置するといったこともリスクであり、クレームに繋がるような事象を現場で検知した場合、どこまで影響が広がる可能性があるか、リスクの範囲を的確に理解することが重要です。

3 リピート通販ビジネスに対する「10の誤解」

最後に、これからリピート通販事業に参入しようとする企業や、すでに参入しているが成果が出ていないという企業が抱きがちな「10の誤解」を紹介します。これらを正しく認識しておくことで、事業の成功に一歩近づくことができます。

1 「市場規模が大きい商材ならば、ある程度の売上が見込める」という誤解

健康産業新聞の調べによると、2021年度の青汁製品市場（グリーンスムージー含む）は1,076億円の市場規模と推計されています。青汁は、リピート通販において比較的大きな市場規模ですが、一方で参入企業が多く、商品の独自性を打ち出すのが難しい商材の1つです。

参入企業が多いということは、たとえばWEB広告の出稿において、少ない予算投下だと大手事業者に広告掲載の入札で勝てず、検索サイトでのキーワード検索において結果表示の上位に表示されないというリスクがあります。これは競合が多い商品で気をつけなければならない点の1つです。

では、市場規模の小さい商材ならどうでしょうか？　冬虫夏草という漢方の原料がありますが、このような商材は青汁とは異な

り、一見すると参入メリットが小さいように感じるかもしれません。しかし、大きくない市場であっても、自社の売上目標が満たせるのであれば、参入をためらう必要はありません。ほかにも、近年ブームを形成しつつあるまつ毛美容液はその市場規模が徐々に拡大し50億円程度にまで成長したと推計されていて、参入後にシェアを伸ばし着実に売上を拡大している企業もあります。

ニッチ市場を開拓するという戦略は決して間違いではない、むしろ目指す事業規模によっては勝算のある打ち手だということができます。

2 「自社商品の良さは、説明すれば消費者に十分伝わる」という誤解

消費者が目にする通販広告（レスポンス広告）では、一般に購入に至るまでの道筋が企業側で設定されています。そうした成果を最大化するためのノウハウやテクニックもありますが、なによりも注意すべきは、消費者は企業側が考える商品特性（USP：Unique Selling Proposition[*6]）を理解していない場合が往々にしてあるということです。むしろ、たいていの場合、商品の良さは消費者に伝わらないというくらいの認識を持ち、「伝わらない」という出発点から発想を積み上げて、企業側の考えと消費者の考えのギャップを確認していくことが正しいアプローチといえます。そして優良顧客に育成するプロセスの中でそのギャップを埋めていくことが、企業側がとるべき販売戦略の基本です。「商品の良

*6 USP（Unique Selling Proposition）：「自社の商品やサービスが持っている独自の強み」を指す。

さを伝えれば、きっと買ってもらえるはず」というのは、企業側の楽観的な思い込みであることを、あらためて認識する必要があります。

3 「商品の品質やスペックを伝えれば、差別化できる」という誤解

商品の良さ、すなわち商品そのものの独自性はしっかり追求すべきですが、「有効成分などのスペックや産地情報さえ伝えれば、他社と差別化できる！」という発想は非常に危険です。

たとえば、サントリーウエルネスの主力商品である『セサミン』は、スペックで他社商品と比較するという方法を取らず、広告においてその特長であるセサミン成分の含有量も謳っていませんが、同ジャンルにおいてトップシェアの商品です。実際にこの『セサミン』よりもセサミン成分の含有量が多い商品はほかにも存在しますが、それでも消費者は『セサミン』を選んでいます。消費者は細かなスペックを比較して買うのではなく、たとえば、身体の痛みが解消できるのかといった視点で商品を見極めるのです。

4 「WEBサイトを作れば、低予算で効率よく新規顧客を獲得できる」という誤解

WEB広告はプリントメディアに比べると出稿しやすい媒体ですが、それは新規顧客獲得の効率とはまったく別の話です。

近年、初期の広告予算が潤沢ではない場合など、成果報酬型のアフィリエイト広告を軸としたWEB広告のみで新規顧客獲得を

始める企業が増えています。アフィリエイト広告の大きなメリットとして、成果報酬額を出稿主側で設定できるという点があります。その一方で、効率を追求しようとしすぎて設定金額を抑えれば、アフィリエイター[*7]にとってのメリットが薄れ、結果的に獲得人数は減ることになります。

もちろん、デジタル化が進むこの時代ですから、消費者が商品やブランドに興味を持った際の参照先としての受け皿になるウェブサイトの設置やWEB広告をやらないという選択肢は、もはやありえないでしょう。ただし、ターゲット層によってはオフライン広告のほうがCPOを低く抑えられるケースも少なからず存在します。必ずしもWEB広告に固執する必要はないのです。

5 「口コミで広がるから、広告への投資はゼロでもよい」という誤解

広告戦略の1つとして、フォロワーを多数抱えるインフルエンサーに対して有償での情報発信を依頼する企業があります。特に新規参入する事業者に多いようですが、自然発生的な口コミから継続的な売上に繋げようとするのは、あまり現実的とはいえません。なにかのきっかけでSNSなどによって急激に認知が拡大し、注文が急増することもありますが、「再現性」という観点からいえば、口コミでの広告効果は売上が安定せず、新規獲得数がコントロールしにくいということには注意が必要です。口コミによるブームは「継続的に売れ続ける仕組み」とは異なるものであり、

---

*7 アフィリエイター：自らブログやWEBサイトなどの媒体を運営し、商品やサービスを紹介し、アフィリエイト（成果報酬型広告）によって収入を得ている人のこと。

過度に期待してリソースを傾注するのは、あまり得策とはいえません。
「広告費」として大きなコストをかけて著名なYouTuberを起用するケースも見られますが、一時的にバズらせることができたとしても、一時のブームでやってきた顧客は去るのも早いということは意識しておいたほうがいいでしょう。

6 「通販と実店舗販売は競合しない」という誤解

リピート通販にかぎらず、原料メーカーや製造委託先と協力して商品を開発・製造する場合、類似商品は必ず存在するものです。ドラッグストアの健康食品やサプリメント、化粧品や美容品の棚を見れば一目瞭然ですが、通販に向いている「説明が必要とされる商材」ですら、現在は実店舗で手に取ることができるという実情があります。

言い換えれば、リピート通販で勝ち残るためには、通販に向いている商材を見極めるだけではなく、既存の店舗販売商品を含めた市場でのシェア、独自性を追求しなければならないのです。

7 「紙媒体などのオフライン広告への出稿は効率が悪い」という誤解

健康食品や美容品をはじめとするリピート通販のトップ企業の多くは、紙媒体やテレビといったオフライン広告への出稿を行なっています。

WEB広告はオフライン広告に比べて効率よく新規顧客を獲得

できるという漠然とした先入観を持つ広告担当者に出会うことがありますが、もっとも優先すべきは、自社の商品のターゲット層に合った媒体を選ぶことです。紙媒体の効果的な出稿に関しては、ある種の「コツ」が存在するのですが、これについては第5章でくわしく解説しましょう。

8 「メーカーとしての知名度や認知度、ブランド力があれば売れる」という誤解

ブランドは、リピート通販においても消費者の商品選択に対してプラスの影響を与えます。たとえば、同じ商品カテゴリー内で商品同士を比較する場合は有利に働くことがありますし、消費者がブランド名を頭の中で想起して直接インターネットで検索するような場合もあります。

一方、ナショナルブランドであることや有名メーカーとしての知名度や認知度だけで、商品が売れ続けることはありません。消費者がWEB広告で比較するのは、効果効能をはじめとする商品価値そのものです。そう考えれば、商品のクオリティを上げて顧客から支持されることによる自然発生的なブランド形成を目指すほうが、正しいアプローチ方法といえます。

9 「投資コストは1年以内の回収が必須」という誤解

リピート通販ビジネスへの参入当初は、「できるだけ短期間で投資コストを回収したい！」と考えることでしょう。それは間違いではありませんが、目標とする売上規模に合った販売戦略があ

り、必ずしも事業開始1年以内での黒字化に固執する必要はありません。

たとえば、目標の売上規模によっては、数年後の黒字化を見越して、参入市場での販売シェアを早期に確保することを優先する場合もあります。

また、そもそも広告による新規獲得が難しくなっている現在では、新規顧客獲得にかかったコストを1年以内に回収できるのは、稀といえます。そうしたことを踏まえて、しかるべきタイミングでの黒字化を目指すほうがはるかに現実的です。

10　「効率をとことん追求すれば成功できる」という誤解

最近では、さまざまな分析ツールを使うことで、獲得効率の良い施策を選択しやすい環境が整いつつあります。ただしリピート通販事業においては、拡大性（スケールメリット）を追求したり、累積で目標CPOをクリアするという考え方が不可欠です。

設定した目標CPOをクリアした媒体のみを同じ規模で実施し続けるだけでは、徐々に新規顧客の獲得数がシュリンクし、売上拡大が望めなくなるケースがあります。これについては、第3章「商品戦略」の節で詳述しましょう。

第2章

リピート通販の収益構造

リピート通販・リピート型D2Cの市場　第1章

基本的な考え方（成功企業が実践する基本原理）　第2章

参入市場の決定、商品設計・開発　第3章

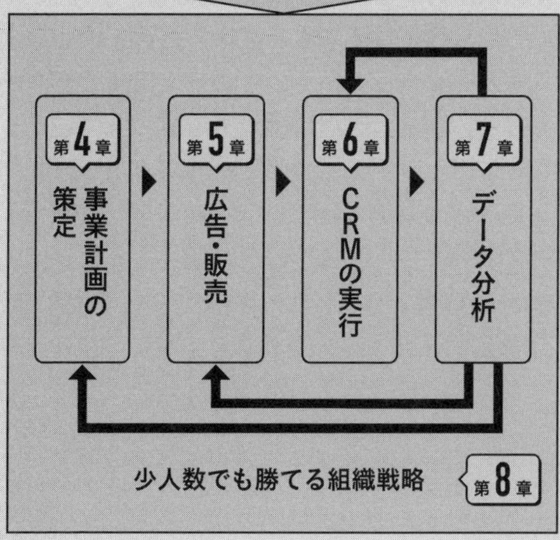

1 収益を生み出す リピート通販ビジネス

リピート通販における2つの重要指標 CPOとLTV

リピート通販ビジネスの収益を見るうえではさまざまな指標がありますが、もっとも重視すべき指標がCPOとLTVです。

基本的にリピート通販では、新規顧客を獲得するために先行投資を行ないます。このコストがCPOです。さらに初回購入後も顧客と継続的な関係性を維持し、繰り返しの購入やアップセル、クロスセルにより、その先行投資した分を一定期間で回収するというビジネス構造になっていて、この一定期間の累積売上がLTVです。事業計画の立て方を解説する第4章でも後述しますが、リピート通販においてもっとも重要なKPIがこの2つです。

CPOとLTVは一度理解すればとても使いやすい指標で、事業計画を策定する段階においてもこの2つが基本となります。

それぞれいくつか算出方法がありますが、ここでは代表的な計算方法をご紹介しましょう。

CPO(Cost Per Order)
＝1件の新規顧客を獲得するために必要なコスト
＝各種広告出稿費÷新規顧客獲得数

年間LTV(Life Time Value)
＝ひとりの顧客がもたらしてくれる年間平均売上、または利益
＝(年間合計売上)÷(年間購入顧客数)

CPOは「新規顧客の獲得」に、LTVは「既存顧客の育成」に関わるわけですが、「新規顧客の獲得」と「既存顧客の育成」はリピート通販事業の「両輪」です。それぞれの定義は企業によって異なりますが、CPOは簡単にいえば「顧客一人あたりの獲得コスト」です。なお、お試し商品やサンプル商品購入の場合は「CPR（：Cost Per Response＝顧客からのレスポンスを得るためにかかったコスト）」が用いられます。ちなみにネット広告の場合、多くは「CPA（＝Cost Per Acquisition：顧客獲得単価）」という表現が使われます。

一方でLTVは、「ひとりの顧客がもたらしてくれる初回購入から一定期間における累計売上、または累計利益」を指しますが、まずは1年間という期間で見た「年間LTV」を把握することをおすすめします。前述した「必ずしも事業開始1年間での黒字化に固執する必要はない」という話と矛盾しているように感じられるかもしれませんが、リピート通販ビジネスにおいては、スピーディかつ柔軟な軌道修正が求められ、特に初期においては想定外の事態も起こるため、まずは1年間といった期間で成果を見ることが有効です。

一般的に、たとえば初回販売価格が1,000円の商品だとすると、CPOは4,000円～5,000円というイメージです。つまり、初回購入時点で、3,000円～4,000円の赤字ということになります。商品を届けるための送料を事業者側がすべて負担するのであれば、赤字額はさらに増えます。筆者は、リピート通販ビジネスへの正しい理解を阻むのが、この赤字で販売することから始まるという点だと考えています。

獲得した顧客に繰り返し購入してもらうことで、この顧客単位の赤字を徐々に小さくし、やがては累積黒字にして、さらに黒字額を大きくしていく。顧客単位で見た場合、1年以内に累積黒字、すなわち利益が生み出されるようになるのが理想です。

事業全体を見たときにも、基本的には新規顧客を獲得するために月単位で先行投資が発生し続けますが、売上が累積し、一定期間経過後に先行投資額が回収され、それ以降は利益が拡大していくという構造です。初回の新規顧客の段階では赤字でも、長く関係性を維持していくことで、既存顧客から利益が生まれ、事業単位でも黒字化していく。事業として、初年度は赤字でも、次年度以降に累積で黒字化できるのはそのためです。

事業を始めるにあたって、この基本構造を理解することで、投資を抑制すべきときなのか、拡大すべきときなのか、正しく判断することに繋がります。反対にこの構造を理解できていないと、黒字化までの期間が大幅に延びたり、事業運営上のリスクを見逃すことになり、ひいては事業の存続にも関わってきます。

リピート通販の場合、新規顧客獲得については、KPIとしてCPOを正確に把握しなければなりません。一方、年間でのリピート回数が少ない商品を扱う場合などはKPIとしてMRを使っ

図表2-1　リピート通販事業におけるその他の業績評価指標（KPI）

CPA（Cost Per Acquisition）
＝CPOと同様の考え方だが、WEB広告を主として活用する際に使われることが多い

CPR（Cost Per Response）
＝1件のレスポンスを獲得するのにかかったコスト
：各種広告出稿費÷レスポンス数

ROAS（Return On Advertising Spend）
＝媒体費に対してどれだけ売上を得たかを測る指標。年間での売上とする場合には、年間ROASと表現されることもある
：広告経由の売上÷媒体費×100（％）
（年間ROASは、広告経由の年間売上÷媒体費×100（％））

MR（Media Ration）
＝媒体費に対する初回売上を測る指標。出稿コストと初回購入の売上に関する指標。短い期間で回収するビジネスモデルの場合に有効
：広告経由の初回売上÷媒体費

回転数（購入回数）
＝1人あたりの顧客の年間平均購入回数のこと。「5回転」という場合は、「1人の顧客が年間5回商品を購入した」ということを指す

たり、テレビショッピングなどの場合にはROASを使うこともあります。あくまで自社の事業に合った指標を選ぶことが大切です。

年次移行表による累積売上の見通し

CPOとLTVを理解し、顧客単位での先行投資の回収をイメージできたら、事業単位で売上がどのように累積していくのかを確認しましょう。

図表2-2　年次移行表

顧客獲得年＼事業開始からの経過年		1年目		2年目		3年目		4年目		5年目
		実数	移行率	実数	移行率	実数	移行率	実数	移行率	実数
2013年	顧客数	5,012	100%	2,128	42.5%	1,224	57.5%	819	66.9%	634
	年間平均客単価	24,956	–	52,691	211.1%	53,494	101.5%	55,790	104.3%	58,970
	売上	125,079,472	–	112,126,448	89.6%	65,476,656	58.4%	45,692,010	69.8%	37,386,980
2014年	顧客数			10,185	100%	4,326	42.5%	2,379	55.0%	1,545
	年間平均客単価			24,559	–	51,590	210.1%	52,398	101.6%	53,678
	売上			250,133,415	–	223,178,340	89.2%	124,654,842	55.9%	82,932,510
2015年	顧客数					12,094	100%	4,724	39.1%	2,595
	年間平均客単価					24,292	–	51,404	211.6%	57,990
	売上					293,787,448	–	242,832,496	82.7%	150,484,050
2016年	顧客数							13,590	100%	5,789
	年間平均客単価							23,998	–	50,084
	売上							326,132,820	–	289,936,276
2017年	顧客数									34,451
	年間平均客単価									24,550
	売上									845,772,050
2018年	顧客数									
	年間平均客単価									
	売上									
2019年	顧客数									
	年間平均客単価									
	売上									
2020年	顧客数									
	年間平均客単価									
	売上									
2021年	顧客数									
	年間平均客単価									
	売上									
2022年	顧客数									
	年間平均客単価									
	売上									
年間売上		125,079,472		362,259,863		582,442,444		739,312,168		

		6年目		7年目		8年目		9年目		10年目	
	移行率	実数	移行率	実数	移行率	実数	移行率	実数	移行率	実数	移行率
	77.4%	523	82.5%	445	85.1%	389	87.4%	342	87.9%	311	90.9%
	105.7%	59,843	101.5%	60,014	100.3%	60,589	101.0%	61,236	101.1%	61,290	100.1%
	81.8%	31,297,889	83.7%	26,706,230	85.3%	23,569,121	88.3%	20,942,712	88.9%	19,061,190	91.0%
	64.9%	1186	76.8%	979	82.5%	854	87.2%	768	89.9%	692	90.1%
	102.4%	54,166	100.9%	56,984	105.2%	58,223	102.2%	58,990	101.3%	58,991	100.0%
	66.5%	64,240,876	77.5%	55,787,336	86.8%	49,722,442	89.1%	45,304,320	91.1%	40,821,772	90.1%
	54.9%	1,686	65.0%	1,247	74.0%	1012	81.2%	879	86.9%	759	86.3%
	112.8%	58,580	101.0%	58,988	100.7%	59,166	100.3%	58,673	99.2%	58,875	100.3%
	62.0%	98,765,880	65.6%	73,558,036	74.5%	59,875,992	81.4%	51,573,567	86.1%	44,686,125	86.6%
	42.6%	3,211	55.5%	2,058	64.1%	1,535	74.6%	1,288	83.9%	1135	88.1%
	208.7%	58,664	117.1%	58,580	99.9%	58,812	100.4%	59,166	100.6%	59,877	101.2%
	88.9%	188,370,104	65.0%	120,557,640	64.0%	90,276,420	74.9%	76,205,808	84.4%	67,960,395	89.2%
	100%	14,895	43.2%	8,559	57.5%	5,654	66.1%	4,232	74.8%	3,502	82.8%
	–	50,989	207.7%	58,004	113.8%	58,445	100.8%	59,215	101.3%	59,166	99.9%
	–	759,481,155	89.8%	496,456,236	65.4%	330,448,030	66.6%	250,597,880	75.8%	207,199,332	82.7%
		35,621	100%	15,083	42.3%	8,265	54.8%	5,356	64.8%	4,029	75.2%
		24,681	–	50,342	204.0%	57,811	114.8%	57,982	100.3%	58,168	100.3%
		879,161,901	–	759,308,386	86.4%	477,807,915	62.9%	310,551,592	65.0%	234,358,872	75.5%
				44,374	100%	18,997	42.8%	10,358	54.5%	6,600	63.7%
				23,904	–	49,324	206.3%	54,664	110.8%	55,752	102.0%
				1,060,716,096	–	937,008,028	88.3%	566,209,712	60.4%	367,963,200	65.0%
						56,445	100%	22,997	40.7%	13,063	56.8%
						24,597	–	50,403	204.9%	56,684	112.5%
						1,388,377,665	–	1,159,117,791	83.5%	740,463,092	63.9%
								60,851	100%	23,895	39.3%
								23,904	–	49,984	209.1%
								1,454,582,304	–	1,194,367,680	82.1%
										88,218	100%
										24,006	–
										2,117,761,308	–
	1,406,511,866		2,021,317,805		2,593,089,960		3,357,085,613		3,935,085,686		5,034,642,966

年単位の売上を端的に表すのが、「年次移行表」です（図表2-2）。この表は、縦軸に顧客獲得年、横軸に事業開始からの経過年を取り、階段状に年次ごとに売上が発生した顧客数と前年からの移行率、年間平均客単価、売上が確認できるようになっています。年ごとに売上が階段状に積み重なっていくので、「階段図」と呼ばれることもあります。

一般的なリピート通販事業では、1年目から2年目の移行率が40%前後で、その後の移行率は高い水準で安定していく傾向が見られます。これは、一旦、顧客との関係性が確立されると、顧客の企業へのロイヤリティが維持・向上していくことが多いためです。

顧客の移行率が安定してくると、「年次移行表」は前年の売上規模を維持・拡大するために、当年に必要な新規顧客の獲得目標数を算出するのに用いることもできるようになります。さらにそのころには、おおよその平均的なCPOが把握できているはずですから、そのCPOと必要な新規獲得数の掛け算によって、翌年の売上を維持するために必要な広告費を算出できます。

ただし、これだけでは当然ながら、事業の採算性や投資の回収期間を確認することができないため、第4章で解説するように月単位での事業計画が必要になります。

商品にもよりますが、初年度から2年目に移行する2年目移行率は、40%以上を目指すことをおすすめします。すでに40%を超えている場合には、特に上限を設けずさらに向上を目指すのがよいでしょう。2年目以降の年次移行率で目指すべき目安は、70%以上です。この目標をクリアできれば、健全に顧客育成できているといえます。

この年次移行表は、図を参考にExcelで簡単に作成することができます。自分で作成してみると、たとえば、事業開始の翌年以降に対前年比で売上を伸ばすためには、必ずしも新規獲得顧客を前年比で増加させることが必須ではない、といったことにも気付くはずです。

さらに、CPOのイメージがついている場合には、どの程度の広告予算をかければ、いつまでに目標の売上に到達できるのか、という規模感がつかめるはずです。こうした感覚をつかむことは、事業を進めるうえで、大きなアドバンテージになります。

この章を読んでいる時点で、予算を含めた事業の全体像が固まりつつあるのであれば、一度試しに「年次移行表」を作成してみてください。その際に、ご自身で気付いたことがあれば、ぜひ、この本の余白に書き込んでおいてください。

2 強いリピート通販事業を作るポイント

外的要因に左右されにくいリピート購入

リピート通販事業において、顧客の繰り返しの購入が収益構造上、欠かすことができないと本章で説明してきました。「定期購入」は基本的に次回の購入を見越した購入コースですから、都度購入（1回購入）に比べて、競合他社の新規参入などの外的要因に左右されにくいというメリットがあります。

最近では、顧客の購買傾向を踏まえて、意図的に定期購入ではなく「まとめ買い」を優先的に促進するケースや、ソーシャルメディアを活用して初回購入時点から顧客との関係性を密接にしていく取り組みを合わせて、初回購入時の心理的なハードルが低い「都度購入コース」しか設けないようなケースも存在します。定期購入コースの導入そのものの議論ではなく、安定的な収益構造を実現するという観点から、自社の商品特性や顧客の購入傾向に合い、かつ自社で現実的に運用できる方法を選ぶことが求められます。

投資回収期間を短くする

もしも、新規顧客を獲得するためにかけたコスト（CPO）を一定期間がたった後に確実に回収できるのであれば、CPOは極論どれだけ高くても構わないということになりそうです。しかしながら、事業の立ち上げ直後、また事業の拡大フェーズにおいても、常にまとまった先行投資が発生し続けるリピート通販ビジネスでは、キャッシュフローの観点が不可欠です。ここでいうキャッシュフローとは、現金の流れを指します。新規顧客の獲得のために先行投資した広告費の回収期間が短ければ、スピーディに次の投資に回す準備ができ、結果として事業成長は早くなります。すなわち、キャッシュフローと事業拡大のスピードは直結するということです。

変化する市場環境がもたらす新たな課題とそのアプローチ

本章では、リピート通販の収益構造を説明してきました。累積売上による投資回収という収益構造が変わることはありませんが、近年のリピート通販事業を取り巻く市場環境の変化は押さえておく必要があるでしょう。その変化とは、顧客ニーズの個別化、多様化が進んでいることであり、その結果として、単にCPOやLTVなどのKPIを見ることだけでは事業の状況を捉えることが難しくなってきているというものです。

リピート通販事業を持続的に発展させていくためには、LTV

を向上させるためのより具体的な打ち手を考える必要があり、顧客一人ひとりをイメージした「顧客体験による価値創造」を進めることが収益拡大に繋がっていくものと筆者は考えます。

COLUMN

単一商品の事業規模をどう考えるか

最近では、1つの商品やいくつかの商品によるクラスターを10億円規模と想定するケースが増えています。かつては1つの商品で100億円規模のクラスターを形成していた事例もありましたが、現在は10億円規模のクラスターを複数つくり、合計で100億円から数百億円規模のビジネスを狙う戦略を採用する企業が見受けられます。

このねらいとしては、規模は小さいものの競合が少ない市場において、特定の顧客層の琴線に触れるニッチな商材をフロント商品として販売することで、競合を排他するという意図があります。競合が少ないことで先行者利益を狙うとともに、検索エンジンなどでキーワード検索した際に結果の上位に表示されるというメリットもあります。ちなみに、検索エンジンの1位表示と2位表示とでは、CVR（コンバーション率）*8に大きな差が出ると指摘されていて、アフィリエイトを活用して顧客へのリーチを増やす施策を採用している企業もあります。

*8　コンバージョン率（CVR）：WEBサイトのアクセス数に対して目的達成の割合を示す指標。リピート通販では、ランディングページでの購入や会員登録を指す場合が多い。

第3章

リピート通販の商品戦略

リピート通販・リピート型D2Cの市場　第1章

基本的な考え方（成功企業が実践する基本原理）　第2章

参入市場の決定、商品設計・開発　第3章

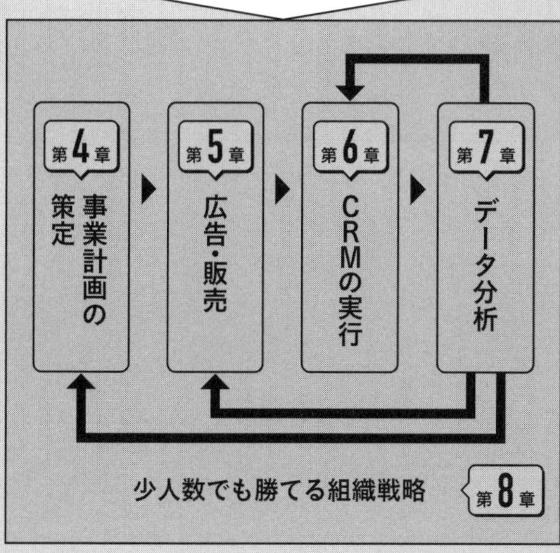

1 商品戦略の基本理解

リピート通販における商品戦略のポイント

リピート通販の商品戦略において特にノウハウが必要となるのは、参入市場を決めるところと、価格戦略や販売方法を決めるところです。

企業によって商品の特性や予算、外部環境がさまざまですから、参入すべき市場や取るべき戦略は異なります。扱う商品そのものでいっても、通販で売れる商品には「店舗で売れる商品」とは異なる要素があります。第2章でお伝えしたように、「LTV」という重要な指標や複数回購入を見据えた収益構造を理解したうえで、市場ニーズ、競合他社の動き、さらに自社のリソースを見据えて、優位性を確保し続けなければなりません。

大手メーカーにおいても、自社製造ではなく、外部の受託製造会社を利用するケースも見られます。その場合でも、自社で商品戦略を立てることが重要です。

リピート通販の商品戦略には、扱う商品・ラインナップそのものに関するポイントと、参入市場、価格設定、販売方法に関するポイントがあります。まず、前者については、特にリピート通販においては、継続購入されやすい商品・ラインナップを考える必要があります。

一方、後者については、一般消費財で語られるようなポイントをベースにしつつ、さらにリピート通販ならではのポイントがあります。前者のあとに、一つひとつ丁寧に解説することにします。

扱う商品・ラインナップのポイント

近年リピート通販事業に新規参入する企業の中には、事業開始から1年以内に複数商品の提供を始める企業もありますが、商品開発で失敗するとそのあとの事業継続に大きな影響が出る恐れがあり、慎重な検討が必要です。目標とする売上を実現できる規模の市場が存在していること、または潜在的なニーズがあって市場を新たに創造できる可能性があることが前提となりますが、さらに次の2つのポイントが大切です。

1　継続購入されやすい商品をつくる

これまでお話ししてきたように、リピート通販事業は「新規顧客獲得」と「既存顧客育成」を両輪とする事業です。まずは新規顧客を獲得することが事業の入り口となりますが、そのあと獲得した顧客を定着させられるか、いかに2回目購入、あるいはそれ以上に転換させられるかが、事業の収益を大きく左右します。そのため、「繰り返し買いたいと思わせる商品であること」が必須条件となります。

リピート通販では、商品に対して顧客が価値を感じ、満足することで継続的に購入されます。多くの市場において、企業間の競争が激しさを増すなかでは、従来にない価値を訴求し続ける、顧客の琴線に触れ続ける商品が求められます。

2　LTVを意識した商品ラインナップを設計する

リピート通販事業では、まずは1つの商品からスタートし、その後大きく分けて3つの商品ラインナップを展開するアプローチが見られます。それぞれの特徴を整理しておきましょう。

(1) アップセル商品

顧客単価を向上させるための商品を指します。顧客が現在利用している商品よりも上位の商品の購入を促すもので、要は「通常品と比べてハイグレード」な位置付けの商品と捉えればいいでしょう。通常品よりも有効成分が多く含まれているなど効果効能が高く、顧客がより効果を実感しやすい商品が一例です。アップセル商品の割合は、一般的に全商品の合計出荷量の40%程度というのが1つの目標となります。

(2) クロスセル商品

既存顧客に、定期的に購入している商品とあわせて購入を促すための商品です。アップセル商品と同様に、やみくもに案内するのではなく、商品同士の効果効能の近さや相乗効果があるもの、さらには紹介するタイミングにも留意して案内する必要があります。

また、ジャンルの異なる商品を繋ぐクロスセルの設計も可能です。たとえば一般的な食品の通販は、健康食品よりも新規顧客の獲得効率が高いとされています。そこで、一般的な食品を入口として、そこから健康食品へクロスセルする戦略をとる企業もあります。特に玄米や雑穀、甘酒や野菜ジュースなど、購入した時点で健康意識が高い顧客と判断できる商品だと、その後の健康食品へのクロスセルが見込みやすいです。一般的な食品から健康食品へのクロスセル施策は、食品通販の回転数の悪さを補う効果も期待されます。

(3) ダウンセル商品

「ダウンセル」とは、「アップセル」と反対に通常品よりグレードの下がる商品で、価格を通常品より低く抑えることによって、「現在の商品ラインナップでは高すぎる」という顧客が離脱するのを防ぐための商品です。また、通常商品をフロントにした広告には反応しなかった層の獲得を狙うための商品でもあります。さらにダウンセル商品を入口にして、その後のCRMを継続することで通常商品へのアップセルを狙うこともできます。

ダウンセル商品は、価格が下がるのを待って購入を検討する保守的な層を意識した商品という側面もあります。価格重視の顧客を取り込むために、製品の機能や有効成分の配合を調整してダウンセル商品を開発することになります。

COLUMN

ラインナップの細分化

企業は自社商品の特性や成長性を考慮して、参入する市場の領域を決めます。その際に、最近のリピート通販のトレンドとして知っておきたいのが「細分化」です。

これは新規顧客の獲得効率を意識して、商品の利用用途、効果効能やそれが及ぶ身体部位などを細かく分けて、それぞれに訴求する商品ラインナップを用意するといった傾向です。たとえば美容商品でいえば、効果の対象となる顔の部位を「眉間」「目尻」「ほうれい線」「口元」といったように細分化します。ほかにも「冷え性の改善」を目的とした健康関連商品であれば、冷えを感じる部位を「全身」「おなか」「下半身」「手足」などと細かく分けたりします。

このように、商品の用途や効果の対象を細分化することで、狭い範囲ながら、顧客に深く刺さる商品になります。

また、最近のリピート通販事業においては、単一商品だけで戦い続けている企業はほぼ存在しません。特に市場の売上上位企業であればあるほど、商品間の棲み分けなど整合性のある形で細分化した商品ラインナップを展開しています。

こうしたラインナップの細分化によって新規顧客を獲得し、そこから刺さる箇所を面的に広げ、顧客を育成していくというのも、LTVを向上させるために有効な戦略です。

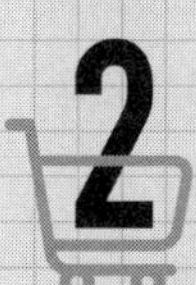

2 参入市場の決定

参入に理想的な市場の状態と市場規模

参入する市場を決める際には、当然ながらまず、市場の状態を正しく見極める必要があります。参入するのに理想的な市場は、顧客のニーズに対して何らかの商品やサービスで埋めきれていない状態にある市場です。参入しようとしている市場がこのような状態で、かつ顧客ニーズに沿った商品開発ができるのであれば、一見成熟しているように見える市場であっても売上シェアを確保できる可能性があります。

さらに、予算や人的リソースという視点も含めなければなりません。比較的小規模な事業者、あるいは小規模な参入計画であれば、まずは大手が参入していないような、比較的小さく未成熟な市場に参入し、局所的にシェアを狙うのも1つの戦略です。反対に、潤沢な資金を有する企業であれば、成熟した市場にあえて参入することで、一気にシェアを拡大していくのもいいでしょう。

一方、成熟した市場は、新規顧客の獲得効率が比較的低い場合が多く、その要因として「イノベータ理論の類似現象」（→61ページ）があります。市場規模が比較的小さければ競合が少なく、さらに市場が成長段階にある場合には、顧客のニーズをつかめれば効率よく新規顧客を獲得できます。一方成熟した市場はこの逆で、CPOが高くなる傾向にあります。

つまり、「市場規模が大きければそれだけ需要も多いはずだから、勝機がある」という単純な話ではなく、市場規模が大きければ当然、参入企業が多く競争が激しくなりますし、逆に市場規模が小さければ、売上規模の上限が低くなります。市場規模は売上に大きな影響を与えますが、その中でシェアをどれくらいとれるかということが重要です。

基本的な市場分析の手法
3C分析とSTP分析

参入する市場の状態を見極めるためにはいくつかの分析手法が存在しますが、特に重要な手法が3C分析とSTP分析です。3C分析は、その市場に参入すべきかを判断するための環境分析であり、STP分析は参入する市場を絞り込んでいくための分析です。

1　環境分析：3C分析――参入すべきかどうかを判断

マーケティングで一般的に使われる分析手法で、リピート通販においては商品戦略の最初の段階で行なうべき分析です[*9]。「Customer：市場・顧客」、「Competitor：競合」、「Company：自社」の3つの頭文字に由来し、次の3つの視点で分析します。

*9　一般的には、このほかにSWOT分析やPEST分析なども挙げられる。

Customer：市場・顧客の分析――価値を提供するための顧客がその市場にいるか

統計的な市場規模はもちろんですが、現在の市場環境から市場の成長性、将来的な市場変化の可能性などに至るまで検討します。さらに顧客の特徴なども考慮し、継続的な関係構築の可能性を踏まえたうえで、自社で育成すべき顧客かどうかを分析します。

たとえば、近年、市場規模が拡大しているプロテイン市場は、新たなユーザーを取り込みながら、今後もさらなる市場拡大が予想されています。顧客は新しい商品、味（フレーバー）を歓迎しつつも、高いスペックを求める傾向があります。

一見、魅力的に映る市場でも、市場・顧客層の特徴をできる限り正確に捉え、参入すべきかどうかを検討する必要があります。

Competitor：競合分析――競合の強みや独自性、売上やシェアを把握する

その市場に参入するかどうかを判断するうえで、単純に競合企業の存在やそのシェアを把握するだけではなく、競合企業が顧客に対してどのような価値を提供しているのか、どのような戦略をとっているのか、その販売方法なども含めて分析します。また、競合企業が今後どのような施策を取るのかという将来的な想定も検討対象となります。

たとえば、トクホや機能性表示食品の市場において、トップシェアの企業が差別化を目的として具体的な効果効能を訴求し、一定のシェアを占めている状況であれば、そうした効果効能を求める生活者・消費者が多くいることがわかります。

競合企業が顧客に提供している価値を把握することで、参入すべきかどうかを検討するための分析です。

Company：自社分析——自社の強みや独自性を見極める

自社のどのような強みを活かせば、売上やシェア、利益を確保できるのかを検討するための分析です。具体的には、市場や競合企業の状況を踏まえ、自社が参入して成功できる見込みがあるかどうかを自社のリソースを考慮して分析します。現在のリソースで足りないとするならそれはなぜか、どのようにクリアするかまで検討します。

たとえば、他社が真似できないような独自技術による商品を開発して自社の強みを発揮できるのであれば、それだけ参入して成功する可能性は高くなります。

2　戦略構築：STP分析——「どのようなターゲットに」「どのような商品を届けるのか」の戦略を立てる

3C分析でその市場に参入すべきか判断したあとは、米国の経営学者であるフィリップ・コトラー教授が提唱するSTP分析によって参入する市場を絞り込んでいきます。STP分析は、「Segmentation（セグメンテーション）「Targeting（ターゲティング）」「Positioning（ポジショニング）」の3つの頭文字に由来します。

STP分析を行なう流れとしては、まずは市場の全体像を把握するところから始まり、具体的な顧客ニーズをもとに市場を細分化（セグメンテーション）します。そして、細分化した市場から自社が参入すべき市場を決定（ターゲティング）し、自社の競合他社に対する位置関係を決めます（ポジショニング）。

セグメンテーションは市場細分化と訳せますが、誰のどのような悩みや課題を解決する商品なのかを明確にすることを意味します。

ターゲティングとは、細分化した市場のうち、自社がどの市場に参入すべきかを見極める作業です。セグメントされた市場から自社の強みを活かせる市場を絞り込みます。

最後に、ポジショニングは参入すると決めた市場において、自社商品の立ち位置を決める作業です。競合商品と比較して、自社商品の優位性を発揮できるポジションを明確にして立ち位置を決めます。

一般に偶発的なヒット商品も存在するとはいえ、それが連続的にヒットする確率は低く、逆に売れない商品には売れない理由が必ず存在します。STP分析はその売れない理由、あるいは売れる理由を把握するためにも役立ちます。成長企業には必ずといっていいほどヒット商品が存在しますが、他社のヒット商品を研究するときには、売上高やシェア率などの数字上の結果だけではなく、商品のUSP（Unique Selling Proposition＝商品やサービスが持っている独自の強み）、広告展開されている訴求メッセージなどを理解することが大切です。他社の商品がヒットした理由を追究することで、自社の商品開発に応用できる仮説の検討材料を得ることができます。

STP分析のうちの「Positioning」について、自社商品が狙う市場における位置取りを示すのが図表3-1の「ポジショニングマップ」です。

ポジショニングマップでは、競合商品のポジションを可視化することもできますが、それより大事なのは自社商品が唯一のポジションをとれるための縦軸と横軸の切り口を見つけることです。図表3-1では縦軸を「価格」、横軸を「顧客の性別」としていますが、切り口を変えたいくつかのバリエーションを作成して社内

図表3-1 ポジショニングマップ

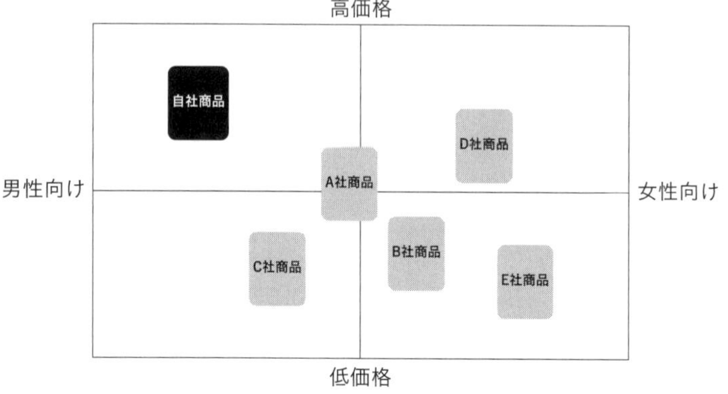

関係者で議論するといいでしょう。

STP分析 2つのポイント

さらに、STP分析を行なうときに重要な2つのポイントを解説しましょう。

1 自社の売上目標を見据えて、ターゲットするセグメントを設定する

最近は消費者ニーズがますます細分化し、その動きに対応して商品自体も細かく分けられ、極めてニッチなターゲットを狙う商品もたくさん登場しています。第3章のコラムで述べたように、「細分化」は近年の消費者ニーズに関する重要なキーワードの1つであり、それは商品戦略においても同様です。

ここで注意すべきは、ターゲットとするセグメントを細かく設定しすぎないことです。消費者の属性でもニーズでも、細分化しようとすればいくらでも可能であり、ターゲットの年齢や性別、居住地域、さらに「腰が冷える」「足の先が冷える」「足の指だけが冷える」といったニーズなど、キリがありません。ニッチなセグメントにすればするほどアーリーアダプター*10を獲得しやすくなり、その時点ではレスポンス率がよくなりますが、そもそも市場規模が小さくなるため、新規顧客獲得はすぐにシュリンクしていきます。商品開発という観点では、セグメント自体は必要以上に絞り込まず、むしろ自社の類似商品と連動したクロスセルの可能性などを意識しておくほうがよいでしょう。

このように、セグメントをやみくもに細分化して小さな市場を狙っても、売上が上がるわけではありません。事業計画上の売上目標を見据え、それに適った規模のセグメントをターゲットにすることが大切です。

2　自社商品の独自性によって差別化できるセグメントの切り口とターゲットを追求する

ポジショニングマップで分析をしていると、競合商品ばかりに目を向けて「この位置にポジショニングできれば、差別化ができるはず」と短絡的に考えてしまいがちです。しかし、まずは顧客のニーズをしっかり見極めて、自社商品の独自性によって差別化

*10 アーリーアダプター：「イノベータ理論」における5つの消費者層の1つ。流行に敏感で、自ら情報収集を行ない判断する「オピニオンリーダー」と呼ばれる層。新しい商品やサービスなどを早期に受け入れやすく、市場全体の13.5%を構成するといわれる。

することが大切です。

さらに、自社の独自性が発揮され競合が少ないセグメントの切り口とターゲットを見つけたとしても、そこを他社がまったく狙ってこなかったケースと、過去に他社が参入して撤退したケースが考えられます。後者であれば「それはどのような理由だったのか」「それは自社なら解決できるのか」という視点で検討することが求められます。

3 価格設定

販売価格の設定方法には次節で述べるいくつかのアプローチがあり、それを理解したうえで、求めるCPOやLTVによって価格を設定することが大切です。十分な検討を行ったうえで、最終的にはテストマーケティングを実施し、テストの結果を反映して販売価格を決定しましょう。

リピート通販の代表的な価格設定アプローチ

一般に価格は安ければ安いほど顧客の満足を得やすいと考えがちですが、企業として適正な利益を確保できなければ事業を継続することはできません。さらに当然ながら、企業にとって得られる利益は多いに越したことはありません。

そのためには、どのように商品の価格を設定すべきか。大きく分けて次の3つのアプローチがあります。

1　マークアップ価格設定

商品の製造にかかったコストに一定の利益額を上乗せして価格設定する方法です。市場に類似商品がない場合などは、この設定方法を採用するケースが多く見られます。基本的には製造コストを考慮するだけで、単純に価格設定するものです。一方、需要予測や競合他社の価格などを考慮していないため、市場競争が激しい場合には、不向きな設定方法といえます。

2　ターゲットリターン価格設定

事業全体の目標とする投資収益率（ROI）を達成できるように価格を設定する方法です。商品の製造や広告費などを含めたコストおよび販売数量の事前予測が正確であれば、目標とするROIを達成することができます。留意点として、決定した価格そのものや競合他社の価格が、販売数量にどの程度影響するかを考慮する必要があります。

3　知覚価値価格設定

知覚価値とは、消費者が感じる製品の性能やサポート、また、提供企業の評判や信用などの感情面も含めた総合的な価値のことで、リピート通販の価格設定において、採用されることが増えている方法です。この方法は、競合商品と同じ価格帯に設定することが本質ではなく、消費者の知覚価値を基準にして、そのなかで利益が出るように価格設定するものです。競合商品との間に価格差が生じる場合には、企業はその価格差の要因となる性能やサポート品質などの価値の違いを具体的に消費者に示し、説明することが重要です。

リピート通販事業の実際の価格設定においては、上記3つのアプローチを併用するケースが大半です。たとえば、「基本的には知覚価値価格設定を採用し、ターゲットリターン価格設定により一定の利益率を確保できる価格を探す」といったやり方です。どんなに優れた商品でも、競合商品と比べて価格を高く設定しすぎると数量を販売することが難しくなる一方、安く設定しすぎると事業開始当初は利益が出にくくなります。あらかじめ設定した期間までに、事業の黒字化に必要となる売上と費用、つまり、損益分岐点*11など勘案すべき事項を見極めて価格を設定します。

特に初回の販売価格については、1ステップ・2ステップなどの販売方法、定期・都度購入などの販売コース、さらにCPOやLTVを考慮して、総合的に判断する必要があります。

リピート通販ならではの購入回数に応じた価格設定

初回価格と2回目以降の価格に差をつけるというのは、リピート通販に固有の方法です。購入の入口となる商品（＝フロントエンド商品）とそれ以降の商品（＝バックエンド商品）の価格を分けるという考え方であり、ドラッグストアや飲食店などの販売ではありえません。

たとえば、初回価格を500円と2回目以降の価格より低く設定したとき、初回販売のみで見ると赤字であっても、一定割合の顧客が2回目、3回目と購入し、それによって初期投資を回収できることが見込めるのであれば問題ありません。一般にフロントエ

＊11 損益分岐点：かかった変動費や固定費などのコストを収益でカバーできて損益がゼロとなり、これ以降は利益が出るという売上高を示す。

ンド商品の価格を下げると、新規顧客獲得の効率がよくなります。実際に健康食品を展開するある企業が、同一商品を2通りの価格で販売するという「価格の弾力性テスト」を行なったことがあります。一方は初回定期購入価格を2,000円とし、もう一方は1,000円と設定して、同じ商品を販売しました。その結果、後者は前者のおよそ2.5倍の新規顧客獲得数を記録しました。

ただしLTVの観点から見れば、単純に「フロントエンド商品は安ければそれでいい」というわけではありません。たとえば、トライアル商品をフロントエンド商品として販売する場合には、トライアル商品と本商品の価格差が小さいほど、本商品の購入に対する心理的なハードルが低くなるため、トライアル商品購入者の本商品購入への移行（=引き上げ率）がよくなるという傾向があります。

つまり新規顧客の獲得効率を上げることだけを重視して、トライアル商品の価格をいたずらに下げればいいというわけではないということです。

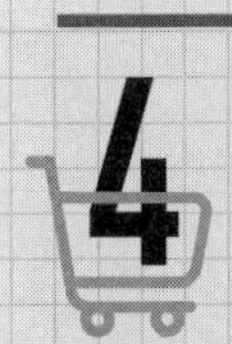

4 販売スタイルの選定

リピート通販 5つの基本的な販売スタイル

リピート通販における基本的な販売スタイルは、主として次の5つがあります。

①1ステップ型

初回販売から本商品を販売するスタイルです。初回購入価格を割引にする（「定期初回オファー」）特典で購入ハードルを下げることがあります。

例）やずや『香醋』

②2ステップ型

トライアル商品をフロント商品にして、そこから本商品へと誘導するスタイルです。本商品より試しやすい分量と価格のトライアル商品を最初に提供するスタイルであり、化粧品における香りなど、ユーザーが使用感を重視するタイプの商品に適切といえます。

例）再春館製薬所『ドモホルンリンクル』

③無料カタログ請求型

無料カタログから、本商品へと誘導するスタイルです。ボリュームがあり高級感のあるカタログを提供することもありますが、それでもCPOは数百円程度に抑えられるケースが多いです。

例）『ニッセン』『千趣会』などの総合通販系

④頒布会型

同じ商品が定期的に届く一般的なリピート通販に対して、事業者側が毎回商品をセレクトし、月々届く商品が変わる販売方法です。特に酒類やスイーツの「定期便」など食料品で普及していて、顧客は設定されたコースを選択できます。

例）ベルーナ『マイワインクラブ』、サンクドノア『焼き菓子を楽しむ会』など

⑤サブスクリプション型

顧客自身が商品の組み合わせを選べたり、用意されている商品を追加・変更できたりする定額制の販売方法で、さまざまなサービスパターンが存在します。顧客側が商品を選べる自由度や楽しさなど、購買行為自体のユニークさがこのモデルのメリットです。ただし、原価率などが異なる商材を組み合わせるために、顧客ごと・月ごとに利益率が変動してしまうというデメリットもあります。商品ごとの利益率の違いを十分に踏まえて、月ごとにラインナップを調整する必要があるといったことはこの販売スタイルならではの難しさです。

例)オイシックス、snaq.me(スナックミー)　など

以上の販売スタイルからどれを選ぶべきか。特に「1ステップ型」と「2ステップ型」のどちらにするかで迷われるケースが散見されます。たとえば2ステップ型を選択する場合には、どのようなしかけや工夫、アプローチによって本商品に引き上げるか、かけられるリソースなども考慮して慎重に設計する必要があります。

さらに、初回購入時に、商品のまとめ買いを促す場合があります。これは「都度購入（1回購入)」を複数個買いしてもらうことで客単価のアップを狙い、LTVを高める販売戦略です。一方、この販売方法ではF2転換率が低下し、結果的にLTVが落ちてしまうこともあります。安易に「まとめ買い」を促すのではなく、販売テストの結果などをよく分析してから、判断することをおすすめします。

第4章

リピート通販の事業計画

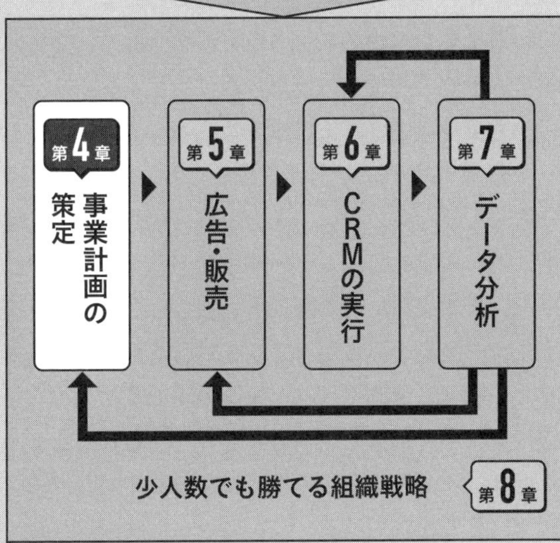

1 事業計画の基本理解

事業計画策定の目的

リピート通販事業の基本的な考え方を理解したら、次のステップは事業計画の策定です。事業計画の策定にあたっては、リピート通販事業の収益構造そのものへの理解が前提であることも認識したうえで、本章を読み進めていただければと思います。

事業計画の策定は事業の出発点であり、これによって一段階上の視点から事業全体を俯瞰的に見ることができます。しかし一般には、事業計画策定の重要性は認識されていても、その意味を真に理解して自力で作成できる人は少ないように思います。特に新たにリピート通販事業を立ち上げる企業では、「事業計画」という概念をそもそも持っていない、あるいはその真の意義を理解しないまま形式的に策定しているケースも見られます。

リピート通販事業において新規顧客の獲得は必要不可欠ですが、初回の売上だけで利益を確保できることはほとんどありません。なぜならリピート通販事業は、リピート購入してもらうことで新規顧客の獲得コストを回収し、さらに利益を生み出すという事業構造だからです。そのため、複数回の継続購入やアップセル・クロスセルによって得た利益で、新規顧客獲得のコストを回収していくのがセオリーです。

初期投資コストの回収期間が短ければそれだけ事業拡大のスピードは上がりますが、将来的な売上規模や市場シェアを見込んで、意図的に初期投資コストの回収を2～3年先に設定し、新規顧客の確保を最優先する戦略もあります。そのように、自社の目標やリソースに鑑みながら、①新規顧客の獲得、②コストの回収、③アップセル・クロスセルのバランスを考え、事業計画を策定することが重要です。

リピート通販において事業計画を立てる最大の目的は、事業を実際に運用していくうえで生じてくる「計画上の数値と実際の数値のギャップ」を見える化することです。たとえば、計画段階で想定した初年度の新規顧客獲得の目標と実際に獲得した新規顧客数にギャップが生じることは往々にして起こります。そのため、常に正確にそのギャップを把握するとともに、どの時点でどの程度のギャップが出たら計画変更や方向転換するのか、あらかじめ設定しておくことが大切です。

こうしたギャップを最小化するために有効なのが「テストマーケティング」であり、リピート通販事業を成功させるために欠かせないプロセスの1つです。「テストマーケティング」について、詳しくは122ページで解説しましょう。

リピート通販ビジネスの進め方

ここであらためて、リピート通販事業の進め方の全体像を見てみましょう。

図表4-1　リピート通販ビジネスの全容

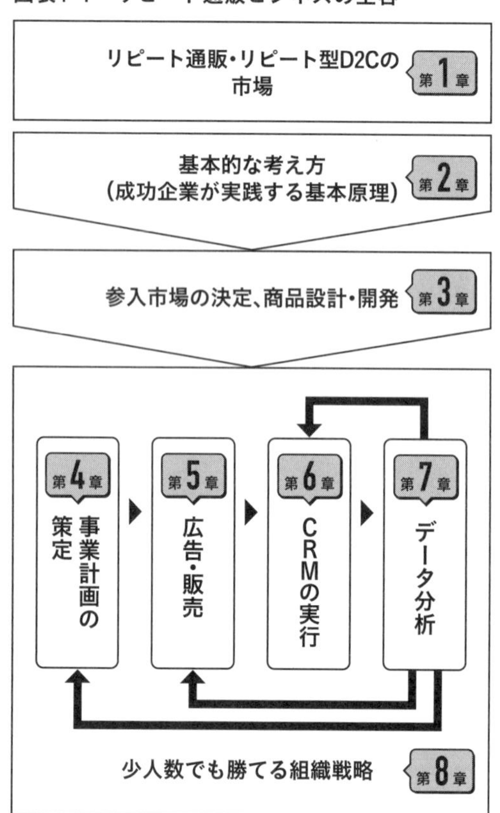

「はじめに」でも述べたように、事業計画は立てて終わりというものではありません。定常的なデータ分析を通じて「計画通りに進まない要因」を洗い出し、改善の施策を打ち続けることで、目標を達成することができるのです。

2 事業計画の策定・実行の方法

事業計画の策定準備・策定・実行の各段階におけるポイント

事業計画においては、策定準備、策定、実行という手順のそれぞれに対応したポイントがあり、説明していきます。第2章で解説した収益構造が理解できていても、実際に事業計画に落とすことで、実現が困難な投資計画になっていないか、目指す事業規模に対して固定費が大きすぎないかといったことを自分自身で事前に確認することが大切です。

図表4-2で一連の流れを見ていきましょう。

まず「策定準備」では、事業開始にあたって必要な費用の項目を整理します。費用については、あらかじめ単価等がわかっていると次の計画策定がスムーズです。

次に「計画策定」では、策定準備で整理した項目に対して、具体的な金額を月次等の発生タイミングに振り分け事業計画表に入力していきます。

そして、策定した暫定版の事業計画をもとに、新規顧客獲得のための広告を試験的に出稿します。これを「テストマーケティン

図表4-2　事業計画の策定から実行に至る流れ

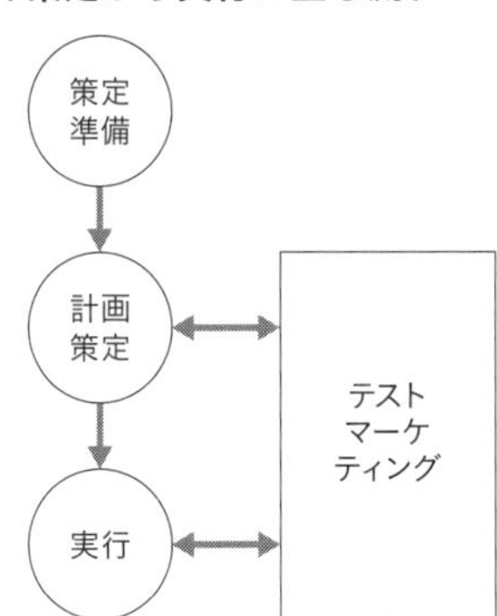

グ」と呼びます。テストマーケティングを繰り返し、できるだけ数値目標に近づけるとともに、必要に応じて、計画の微調整を行ないます。

事業計画が確定したら、本格的な予算投下を行なう「実行」のステップに移ります。事業開始後も施策をブラッシュアップする際などには、テストマーケティングを行ない、施策の最適化を図っていきます。

それでは、各段階におけるポイントを具体的に挙げていきましょう。

1　複数年の事業計画を想定する【策定準備】

筆者はこれまでいくつかのリピート通販の事業計画策定に携わってきましたが、基本的には数年にわたる中期計画を事業開始当初から策定してきました。その理由は、顧客単位では1年以内でCPOを回収し、利益を生み出す状況になったとしても、事業単位では累積の赤字が数年続くケースが大半で、その累積赤字をどのタイミングで回収できるのか、またどのタイミングでどれだけの利益が出るのか、という視点が当然求められるからです。

筆者が携わったなかでは、事業開始から7年目にようやく累積で黒字化するという計画もありました。事業単体で見る場合、顧客単位で見るのとは異なり、目指す規模によっては一概に利益が出るまでの期間が短いほうが良いといえないケースもありますが、これも中長期の事業計画がなければ、健全かどうか判断できません。

「どのくらいの売上規模を目指すべきか」という質問をよく受けます。ここで、すでに市場が存在している商品カテゴリーではどのくらいの市場シェアを目指すべきかを考えてみましょう。

もちろん企業によって投下できる広告予算等は異なりますから「いつまでにこのシェアを達成しましょう」と一概にはいえませんが、「クープマンの目標値」*12に当てはめると、市場シェア6.8%という数字が1つの目安ということになります。特定市場で10%程度のシェアを占めるようになると、一般消費者への認知度調査（＝特定市場におけるブランド想起）で、その企業名やブランド名が回答されるようになるといわれます。消費者の頭の中で想起される順位が高くなれば、ネット検索の結果一覧からも選ばれる確率は高まりますから、市場シェアは常に意識しておかなければなりません。

---

*12 クープマンの目標値：ランチェスターの法則を研究したB・O・クープマン教授が提唱した市場シェアに関する目標値。

2-1　限界CPOを考慮して目標CPOを決める【計画策定】

リピート通販において、事業開始当初にかかる費用のうち、高い割合を占めるのが新規顧客獲得にかかるコストです。実際、新規獲得費として投下される費用は、業歴を重ねた安定企業で売上高の3割前後、立ち上げ期には事業予算全体の7割以上に達する場合もあります。

事業立ち上げ時には、年間LTVを算出することはできませんが、年間LTVが出る1年後まで待たずに、F1からF2への転換率、さらにF2からF3への転換率、というように、実際の転換率をもとに、想定の年間LTVを算出します。ここから1人の新規顧客獲得に掛けられる広告費の上限＝1人の新規顧客獲得にこれ以上投じると赤字になってしまう広告費の限界値である「限界CPO」を算出します（「上限CPO」と呼ばれることもあります）。

限界CPOが決まったら、初年度に確保したい利益額や、キャッシュフローを踏まえて月次でかけられる新規獲得費を考慮して、限界CPOを上限として目標CPOを設定します。

いくつか定義および算定式がありますが、代表的なものは次の通りです。

限界CPO＝（年間LTV）
－（新規獲得費以外の費用の合計）÷（年間新規購入顧客数）

年間LTV ＝ひとりあたり平均年間LTV
＝（年間合計売上）÷（年間購入顧客数）

たとえば、年間LTVが20,000円／人、新規獲得費以外の費用の合計が500万円、年間新規購入顧客数が1,000人の場合、限界CPO＝20,000円／人－(500万円÷1,000人)＝15,000円／人

通常、目標CPOは限界CPOより低く設定しますが、初期段階のテストマーケティングでは、一旦、設定した目標CPOより、20〜30％高めで設定するくらいをお勧めします。利益が出ない状態を良しとするわけではなく、広告内容のブラッシュアップなどを繰り返すことで、段階的に目標に近づけていきます。

ただし、目標とする事業規模や事業フェーズによっては、意図的に上の算出式に当てはめない場合も存在します。たとえば個人単位で見た場合でも、1年間ではなく「複数年で利益を出す」という明確な方針に基づいて、参入市場において早い段階でシェアを獲得する戦略をとる場合などが該当します。特定のターゲット層の潜在顧客数に対して一定割合を獲得すると、CPOが高まり、費用対効果が低下する現象が見られますが、そこからさらに売上が累積し、事業が安定してくると、複数年での利益創出を見込みやすくなります。事業規模が大きくなるとそれを維持するだけの新規顧客数が必要となり、最終的に投資したコストが回収できるという前提であれば、顧客単位の投資コスト（CPO）の回収期間が1年を越えたとしても、顧客数の確保を優先するという戦略も考えられます。

また、年間LTVの向上あるいは運用コストの削減によって「限界CPO」が変動することにも留意しておく必要があります。たとえば、CRM施策が奏功して年間LTVが向上すれば、目標CPOは緩和されます。実施できる施策の選択肢が増え、必然的に新規顧客獲得数も増えて事業拡大が加速します。以上のようにLTVとCPOは密接に関係していることがわかると思います。

2-2　商品特性を考慮する【計画策定】

数年後の年商や利益目標が先に決められていて、そこから単純に逆算したCPOやLTVが記載されているだけの事業計画も見受けられますが、自社の商品カテゴリーにおける新規獲得コストの市場感やその他のコストも考慮して作成された事業計画でなければ、数年後の達成度に大きな差が出るのは言うまでもありません。

自社で過去に類似商品を販売している場合は、その実績が参考になります。一方で、まったく新しい商品や新規ビジネスを開始する場合には、当然ながら当初の目標とするCPOはあくまで目安となります。LTVについても同様に、その商品の特性や購入され方の想定を踏まえて事業計画に落とし込む必要があります。一人あたりの平均購入回数を「回転数」と呼びますが、売り方や商品によって異なるものの、梅干しなどの一般食品なら年間2.0回転、シニア層向けの青汁などの健康食品なら3.5回転から4.5回転前後といったように、商品ジャンルによって回転数はある程度決まってきます。そうした商品特性は事業計画を策定するうえで、しっかり考慮する必要があります。

商品特性の例を挙げると、数年前に妊娠中の女性をターゲットとした葉酸サプリメントが大ブームとなりました。この商品は年間5回転から6回転ほどの回転数で、初年度の回転が早いですが、出産を経ると購入の必要がなくなるため継続されにくいという特性があります。

ほかにも、目的明確型の代表格であるダイエット関連商品は短期的な成果を求める顧客が多く、相対的に継続率が悪いという特性が見られます。ただし、ユーザーが効果の有無を実感しやすいため他社からの買い換えが起きやすく、かつ市場も大きいため、CPOは相対的に低く抑えられる可能性があります。

また、シニア層をターゲットにした効果効能が明らかな商品については、ダイエット関連商品などと比較すると年単位で見た継続率が高く、定着しやすい商品として分類できます。

このように、扱う商品の特性を十分に理解することで、どのように事業計画を策定すべきか、いつ・どの部分に注力すべきかが決まってきます。

2-3　事業計画の具体的な策定手順【計画策定】

新規でリピート通販事業を立ち上げる場合でも、事業計画を策定する段階では、社内において初年度の予算が決められていることがほとんどです。さらに、受注から発送までの一連の流れを最低限実現するための費用についても、ある程度は決まっていることが大半です。

一方、目標CPOや年間LTV、F1→F2、F2→F3といった各購入回数の転換率については、事業開始前の段階では想定値を定めて、事業計画の策定を進めることになります。具体的な事業計画を初めて作成する方には、図表4-3のように計算式をあらかじめ設定したExcelシートにて手順①～⑤に沿って進めることをお勧めします。

特に重要な入力欄について、以下で補足します。

新規獲得費（③）
半期または年間の新規顧客獲得費の予算額を、テストマーケティングの実施スケジュールも踏まえて月ごとに割り振ります。

目標CPO（④）
事業計画を策定していく過程で、随時更新していく前提で、市場感を加味しつつ、まずは仮の値として売価の4～5倍程度を入力します。ここで入力した仮の目標CPOは限界CPOを算出後に必要に応じて調整します。
（※限界CPOの算出方法については、第4章の79ページを確認してください）

転換率（⑤）
商品戦略に基づいて、仮の転換率を入力していきます。転換率のイメージがつかない場合は、たとえば定期コースの受注について全体受注数の半数以上を見込むなら、「F1→F2転換率」は65%程度、「F2→F3転換率」は75%程度、以降は80%程度とし、テストマーケティングの結果と大きなギャップが生じた場合には、修正していくことにします。

完成した事業計画が図表4-4です。一見すると複雑に見えますが、売上から費用を引いた残りが利益という一般的な損益計算の考え方と同じです。

図表4-3　事業計画の作成手順

商品価格（円）	①
平均購入客単価（円）	②
目標CPO（円）	④
年間回転数（回）	⑧
年間LTV（円）	⑨

タイミング	転換率	
F1→F2	75%	⑤-1
F2→F3	80%	⑤-2
F3→F4	85%	⑤-3
F4→F5	85%	⑤-4
F5→F6	85%	⑤-5
F6→F7	90%	⑤-6

■…入力欄
■…計算式により自動算出

		23年4月	23年5月	23年6月	23年7月	23年8月	23年9月	23年10月
顧客	月間獲得数（人）	⑦						
	稼働顧客数（人）	⑩						
売上	単月（万円）	⑪						
	累計（万円）	⑫						

	23年4月	23年5月	23年6月	23年7月	23年8月	23年9月	23年10月
月間出荷個数	⑬						
累計出荷個数	⑭						

23年4月と同様の式で、初回購入顧客数を算出後⑤の移行率を次月以降に反映させる。（6月以降も1カ月ずれで算出する）

	23年4月	23年5月	23年6月	23年7月	23年8月	23年9月	23年10月
初回購入顧客数（人）	⑦						
2回目購入顧客数（人）		⑦-1					
3回目購入顧客数（人）			⑦-2				
4回目購入顧客数（人）				⑦-3			
5回目購入顧客数（人）					⑦-4		
6回目購入顧客数（人）						⑦-5	
7回目購入顧客数（人）							⑦-6
合計（人）	⑩						

		23年4月	23年5月	23年6月	23年7月	23年8月	23年9月	23年10月
費用	新規獲得費（万円）	③						
	制作費（万円）	⑥						
	製品原価（万円）							
	コールセンター費（万円）							
	受注費（万円）							
	管理費（万円）							
	資材・作業/梱包費（万円）							
	配送費（万円）							
	決済手数料（万円）							
	システム費（万円）							
	その他の費用（万円）							
	合計（万円）	⑮						

新規獲得の予算額を月別に入力する（③）
年間で確保していない場合でも、確定している範囲で入力する。
また、広告の制作費は固定費とするため、ここには含まない。
新規獲得費より下の費用についても、決定している項目は入力する。

		23年4月	23年5月	23年6月	23年7月	23年8月	23年9月	23年10月
損益	単月（円）	⑯						
	累計（円）	⑰						

入力欄

手順		説明
1	①	商品の販売価格を入力
2	②	本シミュレーションでは初回購入と2回目以降の販売価格が同じ前提のため①と同じ 初回と2回目以降で価格が異なる場合は、2回目以降の商品価格①'を作成し、⑧の回転数を考慮し平均単価を算出する
3	③	月別に新規獲得コスト（予算）を入力
4	④	目標CPOを入力。広告テストの結果を見ながら修正を加える
5	⑤	購入回数別のそれぞれの転換率を想定で入力
6	⑥	想定の単価および月間出荷個数（⑬）をもとにそれぞれの費用を月ごとに入力

計算式

⑦	月間の新規顧客獲得数（⑦）＝新規獲得費（③）÷目標CPO（④）
⑦-1	F2転換顧客数（⑦-1）＝特定月の前月の新規顧客獲得数（⑦）×（F1→F2転換率（⑤-1））
⑦-2	F3転換顧客数（⑦-2）＝特定月の前月のF2転換顧客数（⑦-1）×（F2→F3転換率（⑤-2））
⑦-3	F4転換顧客数（⑦-3）＝特定月の前月のF3転換顧客数（⑦-2）×（F3→F4転換率（⑤-3））
⑦-4	F5転換顧客数（⑦-4）＝特定月の前月のF4転換顧客数（⑦-3）×（F4→F5転換率（⑤-4））
⑦-5	F6転換顧客数（⑦-5）＝特定月の前月のF5転換顧客数（⑦-4）×（F5→F6転換率（⑤-5））
⑦-6	F7転換顧客数（⑦-6）＝特定月の前月のF6転換顧客数（⑦-5）×（F6→F7転換率（⑤-6））
⑧	年間回転数（⑧）＝特定月の獲得顧客数による1年間の累計出荷数÷特定月の獲得顧客数 特定月を23年4月とした場合：(⑦+⑦-1+⑦-2+・・・・・+⑦-11）÷⑦
⑨	年間LTV（⑨）＝平均購入客単価（②）×年間回転回数（⑧）
⑩	稼働顧客数（⑩）＝各購入回数ごとの顧客数の合計
⑪	単月売上（⑪）＝月間の稼働顧客数（⑩）×平均購入客単価（②）
⑫	累計売上（⑫）＝特定月までの単月売上（⑪）の合計
⑬	月間出荷個数（⑬）＝月間の稼働顧客数（⑩）と同じ 1顧客が月に2個以上の出荷を想定する場合は、出荷想定個数を入力
⑭	累計出荷個数（⑭）＝特定月までの月間出荷個数（⑬）の合計
⑮	単月の費用合計（⑮）＝新規獲得費（③）＋各項目の費用（⑥）
⑯	単月損益（⑯）＝単月売上（⑪）－単月の費用合計（⑮）
⑰	累計損益（⑰）＝特定月までの単月損益（⑯）の合計

3　事業計画上の数値と実績とのギャップを埋めるための改善を続ける【実行】

事業計画という設計図を最初に正しく引けるかどうかは極めて重要であり、これを間違えれば、立ち上げ段階から数年後までの目標達成度に大きな差異が出てしまいます。一方で、最初から実現性が高く、かつ収益性・成長性の高い事業計画を策定するのは非常に難しいことです。

ここで重要なのが、そもそも事業計画は立てて終わりというものではなく、実行の過程で計画上の数値と実績とのギャップを埋めるために、随時、計画の見通しを加えていくべきものだということです。

事業開始以降もテストマーケティングを繰り返しながら、徐々に自社商品の実際のCPOがつかめてくると、それを事業計画にフィードバックしていくことで、将来的なシミュレーションが現実味を増していきます。事業開始後はその都度販売データなどの分析結果を見て目標CPOを実現できない要因を洗い出し、計画と実績のギャップを埋めるための改善を繰り返していきます。

詳細は、第6章（CRM戦略）や第7章（データ分析）で触れますが、改善策を検討するうえでは、CPOとLTVだけを見ていては不十分です。F2転換率や1回あたりの購入単価など、その他の数値に関しても、事前に想定していたものと、実際の数値では差異が生じてくる場合が多くあります。

両者のギャップがあまりに大きい場合には、当初に立てた計画や目標の妥当性が低い可能性が高く、事業計画を立て直す必要があります。たとえば、かけられるリソースがほとんどないにもかかわらず3年後に100億円の売上を見込むような計画は荒唐無稽ですが、現実にはそのような計画も存在し、現場担当者が頭を抱える姿を何度も目にしたことがあります。このような不可能な事業計画の策定やその追求に費やすリソースは、無駄でしかありません。

筆者自身も経験したことですが、こうした実現不可能な目標値が出現してしまうのには、上層部から売上目標だけが担当者に下りてきて、収益構造を理解しないままコミットした形で、闇雲に進めてしまっているといったケースがあるようです。先に述べたとおり、リピート通販ビジネスの収益構造を理解することは事業設計の大前提であり、そうでなければ市場とかけ離れた事業計画を策定することに繋がってしまうので、注意が必要です。

もう一点、リピート通販事業で難しいのが、事業の成長機会である投資拡大のタイミングと、ブレーキを踏むタイミングの見極めです。

筆者は、事業者から「利益を確保するために新規顧客獲得のための投資を一旦止めたい」という相談を受けることがあります。リピート通販は先行投資型のビジネスモデルですので、新規獲得費を投じないことで、たしかに売上に対する利益率は向上します。しかし、新規顧客の獲得が減ることで、いずれ売上は減少に転じ、筆者の経験に基づけば、元に戻すのに新規獲得を止めていた期間と同じか、それ以上の期間を要する場合がほとんどです。結局こうした対応は、課題を先送りしただけにすぎず、根本的な解決になっていません。

さらに、商品をどのタイミングで増産するのか、CPOがどの

図表4-4　事業計画の例

商品価格（円）	3,000
平均購入客単価（円）	3,000
目標CPO（円）	5,500
年間回転数（回）	5.22
年間LTV（円）	15,667

		23年4月	23年5月	23年6月	23年7月	23年8月	23年9月	23年10月
顧客	月間獲得数（人）	218	218	291	291	318	364	364
	稼働顧客数（人）	218	382	585	751	917	1,100	1,254
売上	単月（万円）	65.5	114.5	175.6	225.4	275.0	330.0	376.3
	累計（万円）	65.5	180.0	355.6	581.0	856.0	1186.1	1562.4

	23年4月	23年5月	23年6月	23年7月	23年8月	23年9月	23年10月
月間出荷個数	218	382	585	751	917	1,100	1,254
累計出荷個数	218	600	1,185	1,937	2,853	3,954	5,208

		23年4月	23年5月	23年6月	23年7月	23年8月	23年9月	23年10月
費用	新規獲得費（万円）	120.0	120.0	160.0	160.0	175.0	200.0	200.0
	制作費（万円）	55.0	15.0	15.0	-	-	-	-
	製品原価（万円）	7.1	13.5	18.6	22.6	26.0	28.9	31.4
	コールセンター費（万円）	5.0	5.0	5.0	5.6	5.6	7.0	7.0
	受注費（万円）	4.6	8.7	12.0	14.6	16.8	18.7	20.3
	管理費（万円）	10.0	10.0	10.0	10.0	10.0	10.0	10.0
	資材・作業/梱包費（万円）	5.5	5.5	5.5	5.5	5.5	5.5	5.5
	配送費（万円）	4.6	8.7	12.0	14.6	16.8	18.7	20.3
	決済手数料（万円）	3.0	3.0	3.0	3.0	3.0	3.0	3.0
	システム費（万円）	15.0	15.0	15.0	15.0	15.0	15.0	15.0
	その他の費用（万円）	16.0	16.0	16.0	16.0	16.0	16.0	16.0
	合計（万円）	245.8	220.4	272.1	266.9	289.7	322.8	328.5

		23年4月	23年5月	23年6月	23年7月	23年8月	23年9月	23年10月
損益	単月（万円）	-180.3	-105.9	-96.5	-41.5	-14.7	7.2	47.8
	累計（万円）	-180.3	-286.2	-382.7	-424.2	-438.9	-431.6	-383.8

	23年 11月	23年 12月	24年 1月	24年 2月	24年 3月	24年 4月	24年 5月
	545	545	727	727	1,000	1,000	1,182
	1,569	1,824	2,219	2,541	3,086	3,528	4,084
	470.8	547.1	665.6	762.2	925.8	1058.4	1225.3
	2033.3	2580.3	3245.9	4008.1	4933.9	5992.3	7217.7
	1,569	1,824	2,219	2,541	3,086	3,528	4,084
	6,778	8,601	10,820	13,360	16,446	19,974	24,059

	23年 11月	23年 12月	24年 1月	24年 2月	24年 3月	24年 4月	24年 5月
	300.0	300.0	400.0	400.0	550.0	550.0	650.0
	30.0	-	-	-	30.0	-	-
	35.7	39.5	42.9	45.9	48.9	51.6	54.4
	9.0	9.0	9.0	10.0	11.2	11.5	12.0
	23.1	25.5	27.8	29.7	31.6	33.4	35.2
	10.0	10.0	10.0	10.0	10.0	10.0	10.0
	5.5	5.5	5.5	5.5	5.5	5.5	5.5
	23.1	25.5	27.8	29.7	31.6	33.4	35.2
	3.0	3.0	3.0	4.0	4.0	4.0	4.0
	15.0	15.0	15.0	15.0	17.0	17.0	17.0
	16.0	16.0	19.0	19.0	19.0	19.0	19.0
	470.4	449.0	560.0	568.8	758.8	735.4	842.3

	23年 11月	23年 12月	24年 1月	24年 2月	24年 3月	24年 4月	24年 5月
	0.4	98.1	105.6	193.4	167.0	323.0	383.0
	-383.3	-285.3	-179.7	13.7	180.7	503.7	886.8

タイミング	転換率
F1→F2	75%
F2→F3	80%
F3→F4	85%
F4→F5	85%
F5→F6	85%
F6→F7	90%
F7→F8	90%
F8→F9	90%
F9→F10	90%
F10→F11	90%
F11→F12	93%

水準をクリアしたら広告への追加投資のアクセルを踏むのか、といった判断が極めて重要です。ここで有用なのが、やはり事業計画です。先に述べたとおり、事業計画は「立てること」が目的ではなく、運用するなかで生じる「ギャップ」を把握しがら、投資を拡大すべきか否か、すなわちアクセルやブレーキを踏むタイミングを判断したり、改善すべきポイントを見極めたりするためのものなのです。

COLUMN

食品通販の将来性

現状では、リピート通販といえば健康食品と美容品の2つが市場の中心となっています。そうした中で、一般食品のリピート通販が潜在需要を含めて、これから大きく伸びることが予想されます。

リピート通販が先行しているアメリカでは、中国の生鮮食品EC企業である「毎日優鮮（ミスフレッシュ）」と、ソフトバンクのビジョンファンドも出資をする「叮咚買菜（ディンドンマイツァイ）」が、2021年6月にそれぞれIPO（新規上場）を申請しました。日本国内では、オイシックス・ラ・大地がコロナ禍で急伸し、売上高で1,000億円の大台に到達したのも、記憶に新しい出来事です。オイシックスは、食品通販におけるサブスクリプションの先駆け的な存在として、このカテゴリーでは一人勝ちの様相を呈しています。

食品通販のリピートモデルについて拡大が予想される背景には、健康食品や美容品と比べて財布が格段に大きいこと、つまりほぼすべての人が潜在顧客になりえるということがあります。そのため日本国内でも、顧客層それぞれのニーズに応じた加工食品や生鮮食品、またはそれらの組み合わせをリピート通販モデルに乗せたビジネスに参入する企業が増える可能性が想定されます。

第5章

リピート通販の広告戦略

リピート通販・リピート型D2Cの市場　第1章

基本的な考え方
(成功企業が実践する基本原理)　第2章

参入市場の決定、商品設計・開発　第3章

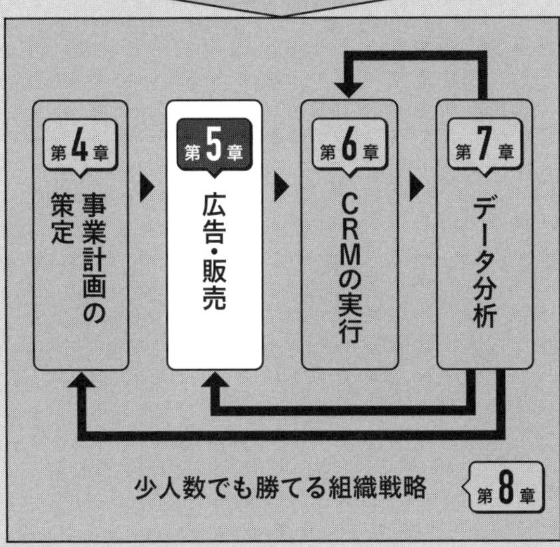

1 広告戦略の基本理解

広告戦略における「成功に至るプロセス」

商品を設計して事業計画を策定したら、いよいよリピート通販事業に不可欠である、新規顧客獲得に向けた広告戦略を策定します。

商品によってターゲットは異なりますので、「広告はこのように打てば必ず成功する」という絶対解はありません。しかし、成功に至るプロセスは確実に存在します。成功か否かを決めるのは常に市場であって、企業ではありませんが、ここでいう「成功に至る」とは目標とする売上額や新規顧客の獲得数までを最短距離で踏破するということです。

広告は、目標をクリアする「当たり」が出るまで、打ち続けなくてはならない施策です。そして、その「当たり」を最初から引き当てられる企業は実に少数です。適切なテストを行なって訴求ポイントや表現方法を模索していく、その繰り返しが大切であり、それこそが成功に至るプロセスといえます。

本章では、この繰り返しをできるだけ無駄なくすること、つまり目指す成果までのルートを最短にして、広告戦略を成功させるための具体的なポイントについてお話ししていきましょう。

新規顧客を獲得し続けなければならない理由

リピート通販事業は「新規顧客の獲得（CPO)」と「既存顧客の維持（LTV)」を両輪としますが、売上を上げるための出発点が新規顧客の獲得であり、あらゆるリピート通販事業を行なう企業は、新規顧客を獲得し続けなければなりません。

リピート通販でよくたとえられるのが、「穴の空いたバケツ」という考え方です。このたとえでは「水」が顧客にあたりますが、「蛇口からバケツに入れられる水」が新規顧客、バケツに溜まった水が既存顧客、「空いた穴から漏れる水」が離脱顧客です。離脱顧客をゼロにすることはできない以上、底に穴の空いたバケツに水を満たしておくためには、蛇口から新たに水＝新規顧客を入れ続けなければならず、蛇口を止めればバケツはすぐに空っぽになってしまいます。このたとえは、リピート通販事業における新規顧客獲得の重要性をよく示していますが、この蛇口から水を入れ続けることが広

図表5-1　リピート通販における新規顧客、既存顧客、離脱顧客の考え方

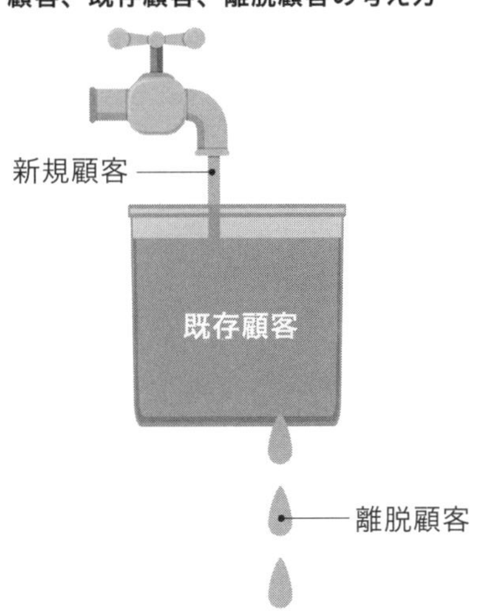

告戦略なのです。

年間ベースの新規顧客獲得数でいえば、前年比で少なくとも同程度以上でなければ、年間売上を維持できなくなってしまいます。たとえば、快眠系サプリメントのような消費者ニーズに季節性のある商品カテゴリーでは、オフシーズンに広告の出稿量を抑えるなど、年間の広告出稿にメリハリをつけるケースもありますが、いずれにせよ売上を維持するために、年間の新規顧客獲得目標を見据えて広告戦略を立てる必要があります。

リピート通販における新規獲得広告の構成要素

リピート通販の新規獲得広告は、「媒体」「クリエイティブ（見せ方）」「売り方」の3つの要素で構成されます。このうち、「売り方」については、第3章で解説しましたので、本章では、「媒体」と「クリエイティブ（見せ方）」について解説します。

媒体

テレビやラジオ、雑誌や新聞、WEBなど、顧客に商品を伝えるための手段を指します。具体的に媒体を選ぶうえでは、媒体ごとの特性を正しく理解することが不可欠であり、商品のターゲット層の年代などを考慮する必要があります。

クリエイティブ（＝見せ方）

媒体の特性によって、商品をどのようにアピールすべきかの「見せ方」が変わります。「見せ方」を決めるために有効なのが

「A/Bテスト」です。

A/Bテストとは、WEB広告などの効果を事前検証するために「パターンA」と「パターンB」を出し、その効果を比較することで、どちらのパターンを正式に起用するかを決めるテストのことです。A/Bテストを繰り返すことで商品のキャッチコピーやメインビジュアルなどを徹底的に磨いていきます。3つ以上のパターンを比較する場合もあります。

図表5-2　新規獲得広告の構成要素

2 広告媒体

広告媒体の基本理解

広告出稿の経験を持つ方であれば、10年前と比較して、広告出稿数に対するレスポンス（＝問い合わせや購入といった反応）率が低下しているということを感じているかもしれません。こうした傾向は新聞純広告[*13]や新聞折込広告などの紙媒体に特に顕著ですが、新規顧客獲得の難化という観点では、アフィリエイトなどを含むWEB広告にもいえることです。

広告を巡る近年の状況は、生活者・消費者のライフスタイルの変化と密接に関わっています。現代の消費者のなかには、企業が発信する広告そのものを情報価値が低いものと見なし、その内容等によらず見たくないと考える層が一定数存在します。それゆえ広告を見ない、つまり接触しないという人が増えているわけです。

一方で、現代の消費者は自分の興味・関心があるものについて

＊13 純広告：媒体の特定の場所を買い取り、そこに広告を掲載すること。新聞では、下段に掲載するものや、一面に大きく掲載するなどのバリエーションがあり、掲載面積などによって価格が変わる。WEB広告では、検索ワードに関係なくトップ画面に掲載される広告などがこれにあたる。

は、接触時間をいくらでも増やす傾向があります。さらにWEBをはじめとして新たな広告媒体が次々に出現するなかで、実は、消費者が全体として広告から得る情報量は格段に増えているのです。

このような広告の将来を考えたときに気にかかるのが、「これからは新聞や広告などのオフライン広告よりも、WEBなどのオンライン広告により注力すべきなのではないか？」ということでしょう。今後、新規顧客獲得にしめるWEB広告経由の割合がさらに高まっていくことは容易に予想されます。おそらく、新規顧客獲得から育成までをWEBだけで完結させようとする企業はさらに増えていくでしょう。

WEB広告がますます台頭するなかで、既存の広告媒体も根強く力を発揮しているいわば「過渡期」の現状においては、媒体特性やターゲット、さらに事業の状況等に応じて出稿する媒体を正しく選択していくことが極めて重要です。

同じ商品でも異なる媒体に広告を出稿すると、注文者の平均年齢に大きな差が出ることがあります。さらに年齢層だけでなく、自社商品のターゲット属性やライフスタイルを考慮して媒体を決める必要があります。

広告媒体は大きくオンラインとオフラインで分けることができます。広告の最大の目的が受注を獲得することであり、消費者がどのようにして方法で広告と接触して発注にたどり着くかという視点で考えると、媒体ごとのプロセスに応じて準備すべきことが決まってきます。

たとえばWEB広告であれば、販売したい商品のバナー*14やランディングページ*15が必要ですし、WEB広告からの受注という視点から考えればカート[*16]の仕組みも必要となります。新聞紙面に広告を掲載する場合には出稿する広告枠に合わせたクリエイティブの制作が、ラジオ広告であれば、商品案内の原稿とそれを説明するキャスティングが必要となります。新聞のような紙媒体でも、ハガキやFAXで注文してもらう導線にするのか、電話番号も掲載するのかといったことを考える必要があります。

広告媒体の選定は、とるべき組織体制にも影響を及ぼします。たとえば、WEB広告では電話番号を掲載しても受電数は限定的です。一方、テレビやラジオ、新聞などのいわゆるオフライン広告の場合、「詳しく説明を聞いてから購入したい」という消費者が一定数存在するため相当の受電数が見込まれ、受電体制の準備が必要となります。また、オフライン広告ではお客さまのメールアドレスを取得することには難しさがありますが、WEB広告では原則として可能となり、広告媒体によって受注後のCRM（顧客関係管理）まで含めた組織体制のあり方が変わるのです。

このように、広告媒体については、自社のリソースも鑑みながら慎重に選択する必要があります。

広告媒体の選び方

広告媒体を選ぶ際には、費用対効果を見極めるためのテスト方

---

*14 バナー：WEBページ上に表示される広告や外部サイトなどへのリンク付き画像のこと。
*15 ランディングページ：消費者がWEB広告や検索サイトにおける検索結果をクリックした際に、最初に訪れるリンク先ページのこと。
*16 カート：カートシステム。消費者がWEBサイトから商品を直接購入できるようにするためのシステムのこと。

図表5-3　主な広告媒体と特徴

媒体		代表的な媒体名	媒体の特徴
① WEB		—	広告の種類や媒体が多種多様で、若い層から60代くらいまで広くリーチできる。 運用次第では広告予算をコントロールしやすい。他社商品と比較しやすいため、商品購入時点で一定の理解度がある。
② テレビ		地上波、BS放送、CS放送	メディアとしての信頼性が高い。マスメディアとして広くリーチできる。 CS放送では、番組ごとに視聴者属性が明確であり、マスでありながらターゲット層を絞れるものもある。
③ ラジオ		AM放送・FM放送	音声で伝えるため情報量が多い。番組ごとにリスナー属性があり、ターゲット層を絞りやすい。
④ 新聞		5大紙、ブロック紙、地方紙、スポーツ紙	メディアとしての信頼性が高く、比較的所得の高いシニア層に広くリーチできる。
⑤ 雑誌・フリーペーパー		各雑誌・フリーペーパー媒体	ターゲット層が絞りやすい。
DM / チラシ	⑥新聞折込チラシ	④に同じ	④に加えて保存性がある。また、折込地域を指定できる。
	⑦夕刊セクション折	取り扱い可能な新聞社	本来、折込チラシの入らない夕刊に、本紙と同様の紙質で広告を折り込める。 複数社ではなく、単独なので着目率が高い。
	⑧カタログ同封	ニッセン、ベルーナ、千趣会など	通販に慣れている消費者にアプローチできる。 カタログによって細かく属性が分かれているため、ターゲット層を絞りやすい。 媒体によってはサンプル付チラシも可能である。
	⑨商品同梱	⑧に同じ	⑧に加えて、1日あたりの受電が比較的緩やかであり、瞬間呼量の急増による取りこぼしリスクが軽減できる。 媒体によってはサンプル付チラシも可能。 必ず開封されるため、ほぼ100%の着目率を得られる。
	⑩単独DM	総合通販系媒体の顧客リスト	ターゲット層が絞りやすい。単独で届くので着目率が高い。
	⑪タウンプラス	—	宛名がなくてもエリア指定だけで届けることができる。
	⑫ポスティング	各ポスティング業者	細かくエリア指定できる。
	⑬店頭設置	スーパー、GMS、ドラッグストアなどの店頭	厚みのあるカタログも設置できる。
	⑭窓口配布	郵便局の窓口など	基本、対面での手渡しにより信頼性が高く、ものによってはサンプル付チラシも可能である。
	⑮調剤薬局レジ袋封入	対象の調剤薬局チェーン	調剤薬局での手渡しという信頼性に加えて、レジ袋なので着目率が高い。
⑯ アウトバウンド		各種リスト	電話でオペレータが商品を案内するため、情報量が多い。

法、出稿後の効果検証の方法・タイミングについても、事前に検討しておくことが大切です。

たとえば雑誌やフリーペーパーに広告を掲載する場合には、当然ながら基本的には同一媒体、同一タイミングでのクリエイティブのA/Bテストはできませんが、新聞折込広告であれば、同じエリアの同じ折込日に複数種類のチラシを配布し、どのチラシの効率が良かったかを検証することが可能です。

また、広告媒体によって検証タイミングにも違いがあります。商品同梱のチラシであれば、概ね配布完了から2週間程度で受注着地見込の70～80％程度に届くため、そこからの効果検証となりますが、新聞広告は掲載日から3日程度でほぼ受注件数が着地し、検証が可能です。このあたりは、出稿する媒体や利用するサービスによっても異なるので、信用できる代理店があれば事前に相談するのもいいでしょう。

リピート通販の上位企業では、1つの媒体に限定せず、複数媒体に広告出稿しているケースが大半です。ただし、広告には媒体ごとに制作コストがかかる場合もあり、複数の媒体をまたがってテストを実施する場合には、予算面も含めて検討する必要があります。

加えて注意すべきことが、媒体によって、効果的に活用するための難易度が異なるという点です。たとえば、ポスティングなどは配布エリアの選定に一定のノウハウが必要とされるため、最初の媒体として選ぶには難易度が高めといえるでしょう。

いずれにしても、どの媒体を選ぶにしても、使いこなすためのノウハウが存在します。はじめは難易度の低い媒体を選ぶほうが安全ですが、それ以前にまず考えるべきことは自社の商品特性とターゲット層の相性だということを理解しておきましょう。

媒体選び 具体的な4つのポイント

それでは、具体的にどのように媒体を選ぶべきか。それには次の4つのポイントが大切です。

1　ターゲット層の特性

たとえばテレビ広告の場合、深夜時間帯に流す場合と早朝時間帯に流す場合では、ターゲットとなる視聴者層が異なります。

同様に、カタログに商品チラシを同封する「カタログ同送」の場合、有名百貨店の通販カタログと総合通販の通常カタログ（＝「ゼネラルカタログ」）では、同じ媒体でありながらまったく異なるターゲットにアプローチすることになります。

すなわち、まずは「自社の商品を通じて長い関係性を築きたい顧客がどこにいるのか」という視点から媒体を決める必要があります。広告出稿の経験が浅い場合には、まずは信用できる代理店からの情報を参考にするのがよいでしょう。

2　必要レスポンス率と媒体費

費用対効果が見込めるかという点は非常に重要なポイントであり、自社の目標CPOをクリアするために必要なレスポンス率を確保できるか、費用とのバランスから判断する必要があります。当初にかかる広告の制作費、さらにクリエイティブの修正にかかる手間やコストについても、自社のリソースと照らして検討しましょう。大手事業者がすでに実施しているような媒体については、同系商材で実績があるということですから、代理店などから参考情報を得つつ検討しましょう。正確な情報を十分に得られなくても、事業として一定の成果を上げている企業が継続的に使用しているのであれば、その企業はこの媒体出稿で一定の成果を出していると見なすこともできます。

また、ある程度販売実績がある商品の場合には、新たに出稿する媒体を選ぶときには「F2CPO」という視点も有用です。

「F2CPO」とは、LTVの観点から「媒体の価値」を見極めるための指標です。優良顧客になりえるような顧客、つまり継続購入してくれる顧客を獲得できる媒体かどうかを判断するために、広告コストをF2転換した顧客数（＝2回目購入に至った顧客）で割って算出します。それぞれの広告効果の見極めが必要な場合には、計測に1年を要するLTVより早く判断できるので、有効な指標です。

F2CPO＝（広告コスト）÷（F2転換した顧客数）

※「広告コスト」には、固定費であるクリエイティブ制作費は含めない

新規顧客獲得は広告の大きなゴールですが、とにかく新規受注を増やせばいいという考えに陥らずに、優良顧客を獲得できる媒体を見極めましょう。

3　拡張性の有無

リピート通販の広告において「拡張性」という観点は非常に重

要です。いくら費用対効果がよい媒体であっても、たとえば「年に1度しか利用できない」「出稿しても数件しか受注が取れない」というのでは、その後の拡張は見込めません。すなわち「年間でどのくらいのボリュームを安定的に出稿できるのか」を考える必要があり、そこにレスポンス率を掛け合わせることで、新規顧客獲得に対するその媒体のポテンシャルを見極めることができます。

媒体テストには手間や時間、コストがかかりますが、それでも繰り返し実施する必要があります。それは目標CPOを安定的にクリアできるかどうか、結果に再現性があるかどうかを見極める必要があるからです。媒体テストによって、継続利用しても費用対効果が見合うと判断した場合には、その媒体に投下する広告予算を増やして、拡大実施（＝ロールオーバー）しましょう。

拡大実施にあたっては印刷物の手配、受電体制の拡充などが必要になりますが、それでもリピート通販事業の大きなメリットであるローコストオペレーションは維持されます。たとえば、実店舗を展開する事業を拡大しようとすると人件費や地代などを含めてトータルでコストが比例的に拡大しますが、リピート通販ではたとえ出稿量を10倍にしたとしても、出稿の手間が10倍になるわけではなく、トータルコストへの影響は限定的です。

逆に、ローコストオペレーションというリピート通販のメリットを享受できない媒体は、出稿するメリットは薄いと考えるべきでしょう。

4　顧客獲得後のコミュニケーション手段を考慮

商品を購入してくれた顧客とは、良好な関係をできるかぎり長期的に築きたいものです。そのためには計画的に顧客とコミュニケーションを図り、継続的に深い関係性を構築していくことが不可欠です。

総じて、WEB広告で獲得した顧客は、電話よりもメールで連絡を好む傾向があります。一方、電話で注文を受けるテレビCMやアウトバウンドで獲得した顧客は、WEB広告で獲得した顧客よりも電話での対話率が高いという調査結果があります。つまり、顧客の特性にコミュニケーション媒体を合わせる必要があります。基本的にテレビやラジオの広告の場合、電話口で注文を受け付けることになりますが、その際、メールアドレスを聞くのは難しいという背景もあります。

以上のように、自社の顧客フォロー体制を鑑みて望ましい媒体を選定するという視点が大切です。

媒体選びの失敗例

媒体選びに失敗する企業には、一定のパターンが見られます。ここで、具体的な例を見てみましょう。

1　CPOのよい媒体だけで広告を実施するという失敗

CPOがよい媒体だけに限定して広告を実施していては、拡大性が見込めないということはしっかり理解しておく必要があります。一定以上の年間売上で安定しているリピート通販事業者でも、常に、定期的にテストを実施しながら新たな媒体を探しています。これには、売上の安定や拡大とともに、媒体疲弊へのリスクヘッジという狙いがあります。たとえば、ラジオのように番組のリスナーが頻繁に入れ替わらない媒体では、短期間に連続で出稿するとレスポンスが徐々に低下する傾向が見られ、これを「媒体疲弊」と呼びます。

そこで「実施したさまざまな広告トータルの平均CPOが目標値をクリアすればいい」といった俯瞰的な視点を持っておくことが大切です。たとえば新聞折込広告で「特定の都道府県や市町村では目標CPOに達したが、別のエリアでは目標CPOにクリアしなかった」といった場合、累積の新規顧客獲得数をクリアできるのであれば、その媒体にはメリットがあるといえます。またテレビCMにおいては放送の時間帯や番組によって視聴者層が異なるため、たとえば深夜の放送は30〜40代、昼間の放送は50〜60代にリーチし、トータルで見ると各年代層から受注を得られたという事例もあります。このように「その媒体単独、あるいは特定のセグメントで見た場合は目標CPOに達しなかったが、他媒体を含めてトータルで見れば目標とする新規顧客獲得数を確保しているからOKとして継続する」と判断できる場合もあります。

2　「単価が安いから」というだけの理由で媒体を決めるという失敗

たとえば印刷媒体の場合、1部あたりの単価が安いからといったコスト面だけの理由で媒体を選ぶ企業が散見され、特に経験が浅い担当者ほどこうした傾向が顕著なようです。同様に大手の通販会社が出稿しているからという理由だけで媒体を選ぶ企業も見られますが、この選び方には自社の狙う顧客層や事業計画が反映されていません。

単純に単価や大手他社の動きのみを理由として媒体を決めてしまっているケースには、広告代理店のセールストークに乗せられてしまうという背景も見られます。代理店の宣伝文句を鵜呑みにするのではなく、先に述べたような媒体の特性や想定レスポンスなどをしっかり考慮して媒体を決める必要があります。

3　WEB広告一択で媒体を選ぶという失敗

雑誌広告やチラシなどのオフライン媒体の出稿を一切検討せず、WEB広告だけを選択する企業も多く見られます。WEB広告のみを実施するというのは正しい場合もあるのですが、商品のターゲットによってはむしろオフラインのほうが効果的・効率的という例も少なからず存在します。たとえば、ターゲットの年齢層が高い耳鳴りや膝関節系のサプリメントなどはその代表例といえるでしょう。「始めやすいから」「代理店にすすめられたから」という理由でWEB広告だけを検討し、それ以外の媒体は見向きもしないというのは、新規顧客獲得の可能性を自ら狭めています。

同様に担当者自身にとって他の媒体が身近でないといった理由のみから、無意識にWEB広告を選んでいるとしたら要注意です。

実際のところ、リピート通販の売上高の上位企業のうち、WEB広告だけに出稿しているという企業は、数えるほどしかありません。もちろん、最近のWEB広告の台頭はめざましいものがありますが、明確な理由もなくこれに限定しているとしたら、全体として思うような成果は得られないでしょう。

4　想定ターゲット層のライフスタイルを十分に考慮できていないという失敗

商品がターゲットとする生活者・消費者層のライフスタイルを十分に考慮して広告施策を打つことも大切です。

たとえばわかりやすい例として、ビジネスパーソンをターゲットとした商品のテレビCMを平日の日中に打っても、その広告がターゲットの目に留まることはほぼありません。このように、ターゲット層のライフスタイルとずれた施策は、広告効果を大きく下げることになります。

WEB広告の実際

WEB広告は、消費者・生活者が主として利用する情報端末がパソコンからスマートフォンに移行することで劇的に変化しました。かつて、WEB広告は10代から20代を中心とした若年層をメインターゲットとして、接触できる年代層の上限は50代がひとつの区切りとなり、60代以上のシニア層への接触が難しいという側面がありました。

しかし、シニア層を含めたスマートフォンの普及・浸透、さらにネット決済の選択肢が増えたことで、シニア層もスマートフォンで商品を検索したり、WEB広告から商品を購入したりすることに対して、抵抗感が薄れつつあります。通販事業者が新規顧客を獲得するうえで、WEB広告を無視できなくなっているのはそのためです。今後さらに、通販事業において、WEB広告の割合は増加すると考えられます。

一方、WEB広告に参入する事業者が増えたことに加え、成果保証型のいわゆるアフィリエイト広告への規制強化の影響もあり、一時期のような優位性が続いているわけではありません。実際、WEB広告で思ったような効果を上げられずに苦戦している大手事業者も多いのです。

以下では、WEB広告で成果を上げるために必要な基本的な考え方と代表的なWEB広告の特徴について説明します。

図表5-4は、通販事業者から見たWEBユーザーの階層イメージです。消費者は顕在層と潜在層、無関心層に分かれ、このうち顕在層と潜在層が見込み顧客にあたります。顕在層と潜在層では、WEB広告との親和性に違いがあります。

顕在層

自分自身が抱える課題に対して、具体的な解決策や解決するための商品の存在を認識している層。自ら商品をネット検索し、商品同士を比較検討するなど、商品への具体的なニーズや購入のモチベーションが高い。商品を能動的に探している層であるため、低いCPOで獲得でき、かつ、購入する際には、すでに十分に比較検討しているため、LTVが高いという特徴もある。

潜在層

課題を抱えているものの、課題を明確に言語化できておらず具体的な解決策や解決するための商品の存在を認識していない層。ただし、課題を解決したいというニーズはあり、広告に接触すれば、購入する可能性がある。商品を能動的に探してはないため、

図表5-4　WEBユーザー 顕在層と潜在層の特徴

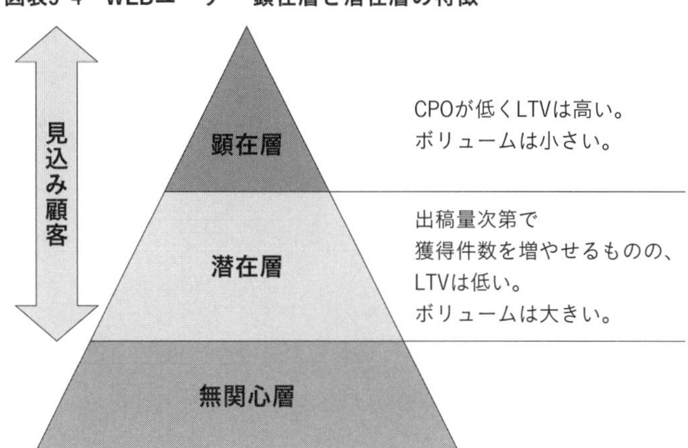

CPOやLTVに関しては、顕在層に比べて悪いのが一般的である。顕在層と比べて、はるかにボリュームが大きい。

次に、リピート通販で押さえておくべき代表的なWEB広告の特徴を見ていきましょう。

①顕在層に向けたWEB広告

リスティング広告

検索連動型広告。検索エンジンで検索されたキーワードに連動して、検索結果画面に表示されるテキスト形式の広告のこと。顕在層にダイレクトにアプローチできる反面、広告のクリックごとにコストが発生し、かつ、GoogleやYahoo!などによる独自のロジックによって掲載順位が決まるため、キーワードによっては競争が激しく、CPOが高騰する可能性もある。

運用に関しては知識やノウハウが必要だが、管理のしやすさや少額から始められること、さらにコンバージョン率の高さなどがメリットである。

デメリットとしては、検索に連動して表示されることから、商品を知っていたりニーズがはっきりしている顕在層のみが対象になり、潜在層には訴求できない。

②潜在層に向けたWEB広告

ディスプレイ広告

WEBサイトなどの広告枠に掲載される画像や動画などの広告のこと。代表的なものとしては「Googleディスプレイネットワーク(GDN)」と「Yahoo!広告ディスプレイ広告(YDA)」がある。

ディスプレイ広告のメリットは、商品の存在は知らないものの、潜在的にニーズを持った潜在層に訴求できること。一方デメリットとしては、コンバージョン率が低く、広告出稿後の効果を見ながら随時改善し続けていく体制が必要となることが挙げられる。

なお、DSP(デマンド・サイド・プラットフォーム)と呼ばれる、ターゲティングや広告配信を自動で行なうプラットフォームもディスプレイ広告に含まれる。

③顕在層および潜在層に向けたWEB広告

アフィリエイト広告

アフィリエイトサービスを提供するASP[*17]と提携するアフィリエイターが、自分が運営するブログやWEBサイトで商品を紹介し、そのサイト経由で商品が売れたときにコスト(報酬)が発生する広告。アフィリエイターの広告掲載方法にもよるが、検索キーワードによっては顕在層と潜在層の両者が対象となる。

基本的には、受注1件1件に対する成果報酬型であり、費用対効果が高いのがメリットである。

デメリットとしては、成果報酬額が低いとアフィリエイターが集まらず、獲得件数が目標を下回るケースがあることが挙げられる。

SNS広告

FacebookやTwitter、Instagram、TikTokなどのSNSの画面上に表示される広告。ユーザーがSNSを利用開始する際に登録する性別、年齢や居住エリアなどの情報に加えて、投稿に対する「いいね」「シェア」「コメント」などのユーザーの反応をもとにターゲティングできる。

現状、シニア層の獲得という点では難しいものの、今後、より幅広い世代に浸透していくことが予想される。

＊17 ASP：Affiliate Service Provider（アフィリエイトサービスプロバイダー）の略。広告主となる企業とメディア運営者（アフィリエイター）を仲介するサービス提供会社のこと。

3 クリエイティブの考え方

クリエイティブの基本理解

広告における「クリエイティブ」という言葉は、企業によって捉え方や定義が異なる場合がありますが、本書では広告運用や広告出稿のために制作されたランディングページやチラシなどを構成する画像素材やキャッチコピーなどの総称を「クリエイティブ」と定義することにします。

通販における広告とは、企業やブランドのイメージアップを目的としたテレビコマーシャルのような「イメージ広告」とは異なり、広告を見た消費者からのダイレクトな反応（レスポンス）、つまり、新規顧客の獲得を明確な目的とした「レスポンス広告」です。レスポンス広告は消費者を納得させて、注文まで取り切ることが目的であり、「レスポンス数」によってその成果を明確に評価することができます。

クリエイティブは、媒体選びとあわせて広告のCPOに大きく影響する要素です。自社商品の特長を大いにアピールすることが求められるとともに、薬機法や景表法*[18]などさまざまな法律への配慮も必要です。ここではクリエイティブについて基本的な事柄から始め、リピート通販に特化したノウハウについても解説していきます。

以下、クリエイティブを考える際の優先順位に沿って、「訴求ポイント」「表現方法」の順にお話ししましょう。

表現方法を決めるためには、まずその上位概念となる訴求ポイントを決める必要があります。たとえば、効果効能が明らかな商品であっても、ターゲットはだれで、なにを訴えかけるのか、といった「訴求ポイント」を明確にしなければ、細かなキャッチコピーやビジュアルなどの「表現方法」の検討に進むことはできません。

訴求ポイントと表現方法は、新規顧客の獲得効率に大きく関わり、かつ獲得後のLTVにも影響してくる重要な要素です。訴求ポイントや表現方法によって獲得できる年代層や性別なども変わり、その影響は長期にわたります。

クリエイティブの「訴求ポイント」

訴求ポイントとは「ターゲットとなる顧客層のどの部分に強く訴えかけるか」ということです。別の言い方をすると、「顧客への刺しどころ」ということです。

訴求ポイントの基礎となるのは以下の3点です。

＊18 景表法：正式名称は「不当景品類及び不当表示防止法」。消費者保護を目的として、一般消費者向けの広告や販売の際に商品およびサービスの品質、内容、価格などを偽って表示することを規制し、併せて景品類の最高額などを制限する法律である。

ポイント1　苦痛の解消

たとえば、「身体的・精神的な苦痛を解消します」といった内容です。加齢による関節痛などの身体的な苦痛の解消が代表例ですが、それ以外にも不眠や顔のシミ・シワに対する精神的な苦痛を改善する商品の訴求ポイントです。

ポイント2　利便性の向上

「手間が減ります」というような利便性のアピールです。代表的な商品としては、あらかじめ調理されている食材のセットやミールキットなどの訴求ポイントです。

ポイント3　嗜好の充足

「嗜好（好み）を満たします」といった内容です。お茶やコーヒーなど一般的な嗜好性食品やアロマオイル、プロテインなどの訴求ポイントです。

クリエイティブの「表現方法」

「訴求ポイント」＝「刺しどころ」が決まったら、それをいかに的確に伝えるかということを追求するのが「表現方法」です。表現方法は広告媒体によっても変わってきます。WEB広告でいうと、ランディングページのキャッチコピー、メインビジュアル、ボディコピーなどを指します。「商品の特性を顧客に的確に訴求できているか」という視点で、全体としての統一性を含めて決めていきます。

ここで改めて大事なのが、「訴求ポイント」と「表現方法」を明確に区別して考えるということです。そのことによって、広告テストによる効果測定をより精度の高いものにできます。

たとえばコラーゲンを含む健康食品を例にすると、訴求ポイントとして女性を意識した美容訴求と、性別を問わないシニア層をターゲットとした膝関節訴求が考えられる商品だとします。

この場合、2つの訴求ポイントの基礎部分は「苦痛の解消」で共通ですが、想定ターゲットによって「表現方法」はまったく異なります。

前者の訴求ポイントである「美容」の場合、その表現方法を「もち肌」にすべきか「ハリツヤ」にすべきかというように訴求ポイントの先にあるのが表現方法です。2つの表現方法をA/Bテストし、それぞれの結果を検証してよいほうを採用します。

クリエイティブの構成例と押えるべきポイント

次に、クリエイティブの構成についてお話しします。図表5-5は、両面印刷のチラシあるいはWEB広告のランディングページ（LP）における基本的なクリエイティブの構成例です。チラシに関しては、実際には媒体によって紙面サイズや重量（斤量）、折り加工に指定がある場合があり、ハガキを付ける場合には紙の重量に加えて、配置も考慮しなければなりません。消費者に必要なコンテンツを伝えることはもちろん、購入に至るまでの流れをデザインに落とし込むことが重要です。

WEB広告のランディングページ（LP）においては、最初の入口であるファーストビューの重要性が高く、コンバージョン率な

図表5-5　チラシの構成例

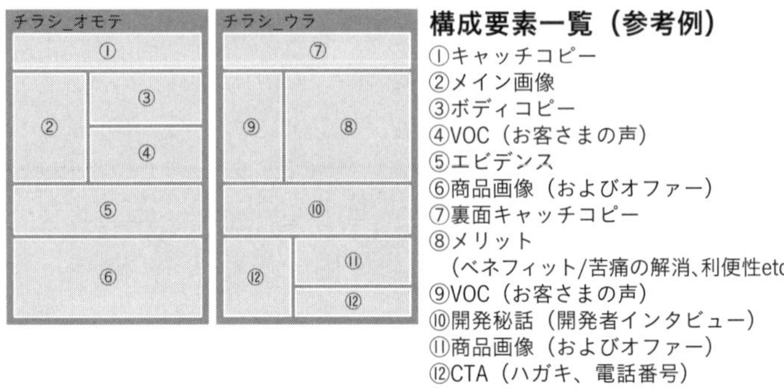

図表5-6　ランディングページ（LP）のファーストビューの構成例

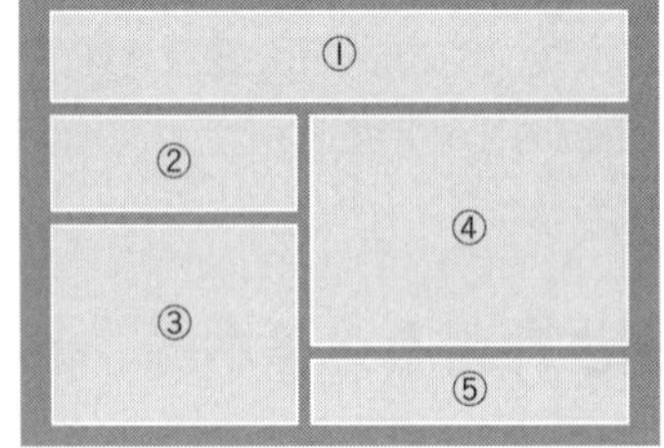

構成要素一覧（参考例）

①キャッチコピー
②サブコピー
③商品画像
④メイン画像
⑤商品名

どの結果を見ながら、随時改善していくことが求められます。図表5-7のランディングページのコンテンツはあくまでイメージですが、「気づき／共感」のコンテンツでは、「こんな症状はありませんか」といった内容で興味関心を引き、商品の特徴的な成分について「メカニズム」を解説し、商品を提案。さらに「エビデンス」といわれる根拠に繋げます。「安心安全」や商品の「開発秘話（開発者インタビュー）」、「VOC（お客さまの声）」は、商品への懐疑的な心理を和らげる目的で設けるケースが見られます。さらに、紙のチラシと異なり、CTA[*19]がLPの中に複数設置され

図表5-7 ランディングページのコンテンツイメージ（流れ）

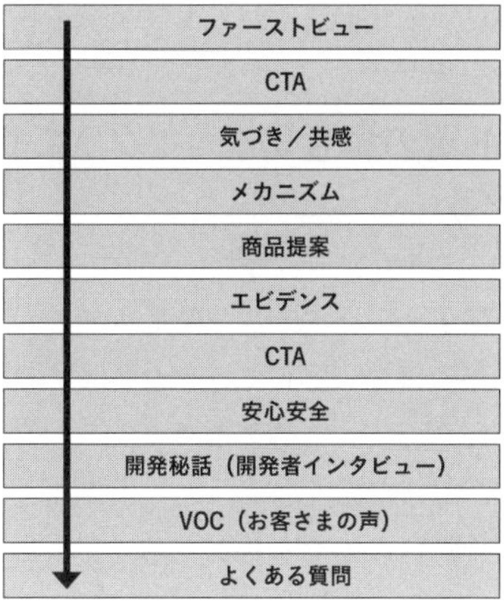

ファーストビュー
CTA
気づき／共感
メカニズム
商品提案
エビデンス
CTA
安心安全
開発秘話（開発者インタビュー）
VOC（お客さまの声）
よくある質問

ているのも特徴といえます。

こうした基本的な構成要素を理解したうえで、以下に挙げるポイントを押さえてクリエイティブを考えていきます。

1　キャッチコピーとメインビジュアルを連動させる

一般にレスポンス率に影響するのは、まずキャッチコピー、次いでメインビジュアルの順です。ランディングページであれば、ファーストビューにこれらが含まれます。この2つの要素は、注目を集めたいポイントだからこそ、連動して表現されているかどうかが重要です。そのため、内容、文言・文章表現の統一、さら

＊19 CTA：Call To Actionの略で、消費者が商品を注文するための方法や注文先などを示す。

にイメージや色みの統一などを、メインビジュアルからキャッチコピーの意図することが明確に伝わることが大切です。

2　ターゲット層の属性によってクリエイティブを使い分ける

出稿する媒体によって、ターゲット層の属性が大きく変わるような場合には、その属性に応じて、クリエイティブを最適化する、使い分けるのが理想です。シニア層がメインの媒体であれば、落ち着いたトーンが好まれるでしょうし、新聞折込では、地域の特性に合った表現やあいさつ文を掲載することもあります。また、WEB広告では、ターゲットを意識したビジュアルのバナー広告を出し分けたり、バナー広告のビジュアルに合わせて、ファーストビューを出し分けるような施策も見受けられます。

3　顧客の購入導線を意識する

レスポンス広告には必ずCTAが必要です。事業者は消費者に商品の良さを伝えて、購入のメリット、動機付けを行なったうえで、CTAに導く必要があり、その一連の導線をしっかり設計することが大切です。これはテレビやWEB広告のLPなどでも同様です。

導線を設計するうえでは2つのポイントがあり、1つ目は購入方法を迷わせないこと、2つ目は、どのような順番でコンテンツを伝えるかという並び順です。

WEB広告のLPの中には、申込方法が複雑に見えるケースも散見されますが、「どこに連絡すればいいのかわからない」と迷わせるようでは、受注のタイミングを逸することになります。また、LPに掲載する情報だけでは消費者が注文を迷う、機能や効果効能が伝わりにくいような商品では、電話番号を目立つように掲載し、オペレーターからの説明が受けられることを伝え、そこからの購入ルートも意識的に設ける必要があります。LPの中に、複数のCTAを配置することも有効です。

2つ目のコンテンツの並び順ですが、たとえばファーストビューの直後に消費者に気づきを与えるコンテンツ、次に開発秘話、お客さまの声という並びにすることで、購入を迷う要因を順番に解消していき、次のCTAで受注に繋げるといったことです。

CVボタン*20の色や文言、動きの有無など見せ方を変えるだけでも、CV率や定期購買率は大きく変わってきます。あるいは「定期購入」を目立たせ、「都度購入」のトーンを抑えるなど商品同士のテンションの付け方を変えるのも有効です。さまざまな項目で試行検証しながらブラッシュアップしていくと、CV率や定期率で大きな差に繋がっていきます。

---

*20 CVボタン：LPなどのWEBサイトに訪れたユーザーに対し、問い合せや商品購入など、具体的な行動（＝コンバーション）を促すためのボタン。

4 広告テストの3つのポイント

広告には、限りある資金を投入するわけですから、投じた費用を無駄にしないためにも、その効果を最大化する取り組みが不可欠です。広告において、2パターンあるいは複数パターンの結果を比較するテストを「A/Bテスト」と呼びますが、A/Bテストの実施にあたっては、以下の3つのポイントが重要です。

1 「スモールスタート」の原則で行なう

初めて実施する広告媒体、クリエイティブのテストでは、テスト結果を検証可能な最小規模で始めることが原則です。ただし、最小規模といってもテストでの獲得顧客数が少なすぎると、新規獲得した顧客の属性などの分析精度や継続実施した際の再現性を担保することができません。たとえば、WEB広告において単にクリエイティブの良し悪しだけを判断するのであれば、受注数が数件レベルでもA/Bテストで結果を判断することができますが、年齢層によって結果を比較・検証するのが目的であれば、最低でも数十件程度の受注数から結果を判断する必要があります。

2　テストの目的を絞り込む

1回のテストにおける目的をできるだけ絞り込むことも、重要なポイントです。

たとえば、「"健康にいい"と"美容にいい"というメッセージではどちらが顧客獲得に効果的か」ということの検証を目的としてテストを実施する場合は、媒体や広告のビジュアル要素など他の条件はすべて同一にして、表現の違いだけが際立つように設定します。ビジュアル要素も変えてしまうと、顧客獲得のレスポンスに差が生じたときに、それがメッセージの違いによるものかビジュアルの違いによるものなのか、判断できなくなるためです。このように、テスト結果をシンプルに比較できるようにすることを念頭に置いてテストを行なうことが大切です。

3　結果検証後のロードマップを想定する

テストの結果は、広告出稿を拡大（＝ロールオーバー）するための重要な判断材料です。そのため、テストの成果を最大限に活かすために、次のアクションをあらかじめ想定しておくことが大切です。

たとえば、月に1回配布される印刷媒体であれば、実際に全体配信するタイミングから逆算してテストを実施する必要があります。たとえば季節性のある商品の場合、テスト後に全体配信する季節が変わってしまっては、テスト結果を判断材料にできなくなってしまいます。

もうひとつ、初回テストの結果が悪かった場合でも、次回以降のテストに活かせる数値などの要素は必ず存在するということは大切な視点です。たとえばテスト出稿した媒体において、公開されている媒体のターゲット層と、実際に獲得した新規顧客の属性に明らかなギャップがある場合には、「ターゲット層に対して、メッセージがマッチしていなかったのではないか」といった振り返りができます。

すなわち「商品と媒体が合っているか」「訴求ポイントに対する表現方法は最適か」など、テストの目的と仮説をあらかじめ明確にしておくとともに、「社内のだれを中心に」「いつまでに振り返り」「いつまでに改善し」「いつ再テストを行ない」「いつ全体配信するか」といったロードマップをあらかじめ立てて計画的に進める必要があります。

なお、テスト結果を評価する際には、広告にかかる「コスト」についても「スモールスタートで始めた初回出稿時のリアルなコスト」から「拡大時のコスト」を想定する必要があります。

テスト結果の分析・検証に不可欠なのが「再現性」という観点です。再現性を担保するために十分なサンプル数（受注数）が得られた時点、あるいは最終的な着地予測ができるようになった時点で、速やかに分析・検証作業に入ることで、次の施策実施のタイミングを逃すことがなくなります。社内関係者および社外の広告代理店や広告制作会社と検証時期を事前に決めておくと、円滑に進めることができるでしょう。

以上の広告テストの3つのポイントはあくまでも基礎的なものであり、はじめは手探り状態で、試行錯誤の連続となります。自社にとって最適な方法を追求し続け、自社に合ったテストの型としてブラッシュアップしていくことが大切です。

私たちの体感としては、広告テストで目標をクリアする施策を打ち出せる確率は、1割程度と考えています。しかし、目指す施策にたどり着くにはテストを繰り返すしかありません。

なかには「広告の結果が悪い」といって広告代理店や制作会社をやみくもに責める企業も見られますが、テスト結果を客観的に捉えて、次の一手を建設的に議論する姿勢が大切です。

COLUMN

ライブコマースの台頭

リピート通販は、ある程度確立されたビジネスモデルであり、それ自体が劇的に変わることはないでしょう。一方、技術革新などによってこれまでに存在しなかった、あるいは想定されていなかった販売手法が今後も登場していくものと考えています。その1つが「ライブコマース」であり、今後、存在感を増していく媒体と考えています。

ライブコマースとは、インターネットを通じた動画のライブ配信中に商品を紹介して、視聴者をECサイトなどに誘導する販売手法です。ライブコマースはWEB広告の「情報量の限界」をカバーできるという利点があります。LP（＝ランディングページ）で表現できる情報量には物理的な限界がありますが、ライブコマースであれば圧倒的に多くの情報量を消費者に届けることができます。加えて、ライブ配信ならではの臨場感を演出できるという魅力もあり、大きな販売効果が期待されています。

日本国内では2017年頃からライブコマースの認知度が高まっていますが、その背景にはスマートフォンの普及があります。スマホのもつ「動画を手軽に視聴して、そのまま注文に進める」という特徴は、ライブコマースとの親和性が非常に高いのです。

現在ライブコマースは、食品やアパレル、雑貨や家電の分野で活用が進んでいます。リピート通販での活用方法はまだ模索段階といえますが、効果的な手法が定着していけば、近い将来、販売チャネルとして大きくシェアを伸ばすと見ています。

実際にたとえば資生堂は、日本国内に先駆けて中国で動画をライブ配信する「越境ライブコマース」を行ない、2020年からは日本でもライブ配信を開始しています。テレビのインフォマーシャルから検索性・双方向性・即時性を伴うWEB広告へと進んできた流れは、今後、さらなる革新性を持つライブコマースへと進化していくでしょう。

ただし先に述べたとおり、デジタルコンテンツの販売チャネルが大きく伸びたとしても、紙媒体がなくなることは当面ないと考えています。デジタルコンテンツには、紙媒体の保存性や一覧性といった特性を際立たせるという側面もあり、現在とは異なるバランスで共存していくものと考えています。

第6章

リピート通販のCRM戦略

リピート通販・リピート型D2Cの市場　第1章

基本的な考え方（成功企業が実践する基本原理）　第2章

参入市場の決定、商品設計・開発　第3章

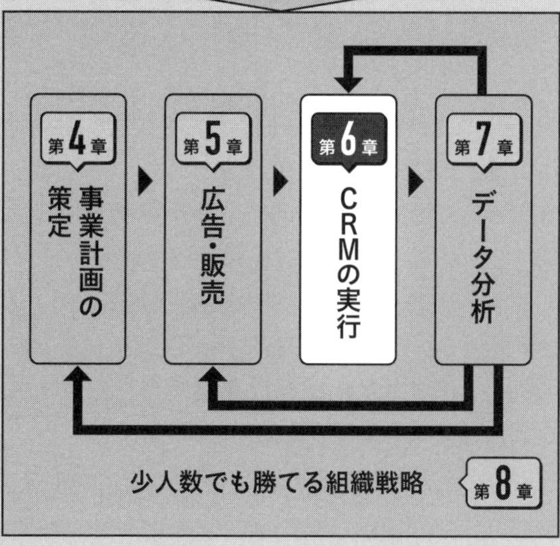

少人数でも勝てる組織戦略　第8章

1 リピート通販における CRMの目的と高まる重要性

CRMの目的

CRMとは「カスタマー・リレーションシップ・マネジメント」の略で、直訳すると「顧客関係管理」「顧客関係性マネジメント」などとなります。CRMはリピート通販ビジネスの最大の特徴といっても過言ではありません。CRMについて、その定義はさまざまです。マーケティング戦略ではかなり広い意味で使われますが、本書では図表6-1で示す範囲を対象として話を進めます。

通信販売、そのなかでもリピート通販がここまで発展してきた背景として、顧客に関する多様な情報をデータベース化して、さまざまな角度から分析・活用してきたという背景があります。リピート通販という顧客との継続的な関係性を重視するビジネスモデルにおいては、CRMの本質的理解と活用が必須です。従来からCRMの重要性・有効性は揺るぎないものであり、一定の理解や実務経験のある読者の方もいらっしゃると思いますが、近年の市場環境の急激な変化や技術・手法の進化に対応してアップデートしたうえで、しっかり取り組んでいくことが求められます。

図表6-1　リピート通販におけるCRMの領域

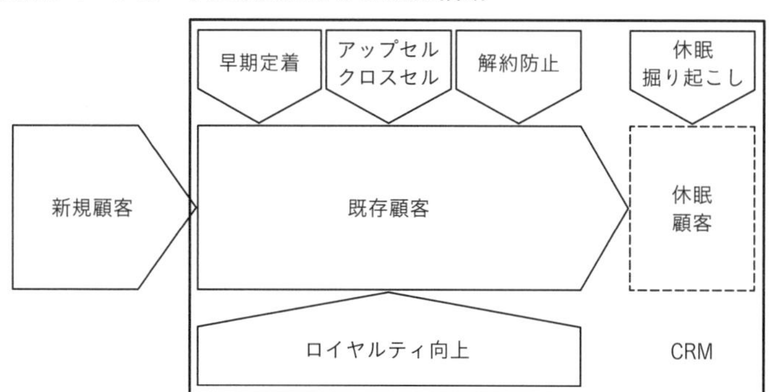

CRMの目的は「顧客との関係性を構築し、維持、発展させること」であり、リピート通販においては既存顧客からの継続的な売上の維持・拡大と、運用コストの削減に集約されます。

①売上面

顧客を維持し、かつ購買金額の拡大に繋げることが期待されます。リピート通販においては、一般に「5：25の法則」と呼ばれる法則があり、「5%の顧客離れを改善できれば、利益率が25%改善される」というものです。CRMによって顧客離れを阻止すれば、売上を安定的に確保し、さらに伸ばしていくことができます。

②コスト面

リピート通販において、「新規顧客に商品やサービスを購入してもらうコストは、既存顧客に再販するコストの5倍かかる」といわれることがあり、これを「1：5の法則」と呼びます。CRMによって、マーケティングコストの削減、運用コストの削減に繋げることができます。

一方、顧客側からすれば、企業やブランドを新たに探す手間がなくなり、金銭的あるいは心理的なスイッチングコストが軽減されます。

既存顧客を維持するためには、企業側の都合ではなく顧客側の視点からの発想が必須です。顧客の実像把握から導き出された根拠に基づき、顧客のフェーズに応じて最適な形でフォローしていく細やかな計画を立てたうえで、施策を打ち続けなければなりません。その意味では、企業視点での一方的なコミュニケーションではなく、顧客視点に立ち信頼関係を築いていくためのコミュニケーションを図ることが重要です。

高まるCRMの重要性

リピート通販への参入企業が増えることで競争が激化し、CPOが上昇傾向にある現在、CRMは多くの企業においてマーケティング戦略上の最重要課題のひとつとなっています。これはLTVを高めることでCPOの上昇をカバーしようとする動きの現れともいえます。顧客との関係性を維持し育て、さらに発展的に強化することで、リピート通販事業は成長し続けることができます。

IT技術・活用方法の進化によって、企業は顧客の基本情報だけでなく、購買履歴などの行動データを収集することが可能となり、顧客データの活用は事業規模の大小に関係なくリピート通販におけるマーケティングの中核になっています。顧客データを活用したCRMは、一部の大企業だけが取り組むべきものではなく、規模の小さな企業であっても新規参入の段階から取り組むべきものなのです。

ここであらためて意識していただきたいのが、CRMは顧客情報を単に蓄積するだけのデータベース化ではないということです。CRMに失敗する要因の多くは、単なるデータベース化に留まり、取得したデータを顧客とのコミュニケーションにうまく活用できていない点にあります。現在の消費者は、マス・マーケティングで語られるような一斉配信のメルマガなどには反応しなくなっていて、これまでのやり方は通用しませんし、競合企業と同じ施策を行なっているだけでは結果が出るはずはないのです。

繰り返しますが、CRMの本質は、企業視点でのメリットを追求した一方的な関係性ではなく、顧客にとってメリットのある双方向の関係性を構築することなのです。

2 CRM実施の基本的なフレームワークと実践のポイント

CRM施策の流れ

CRMは、単に顧客情報や購買履歴などのデータを蓄積することではないと述べました。CRMを実践して、リピート通販事業者が顧客との関係性を発展させるためには、顧客を中心に据えたCRMの本質を理解し、CRM戦略そのものを発展させていくことが求められます。

まずは、以下のような基本的なフレームワークを利用して、自社に合ったCRM戦略のあり方を整理することをお勧めします。その過程において、自社の顧客が求める関係性のあり方が見えてきます。

「だれに」

消費者の価値観や趣向、行動様式が多様化している現在では、性別や年代、居住エリアといった基本的なデモグラフィック*21の情報に加えて、過去の購買履歴やWEBサイトへのアクセス履歴、さらにアンケートから読み解くような購買意向や商品に対する潜在ニーズ、満足度などのサイコグラフィック*22の情報を用いて、各施策の対象者（だれに）とするセグメントを設定することが求められます。

実際の個別施策の実施対象とする顧客セグメントの設定にあたっては、現在ではCRM/MAツールなどを導入することで、前述の購買履歴やWEBアクセスログなどの行動データ、またアンケートの結果などを組み合わせて活用することができます。

CRMにおいては、この「だれに」という個別施策の実施対象の設定が特に重要で、施策の成果に大きく影響してきます。さらにCRMの施策を実践するなかで、各施策の結果を見ながら、セグメントの設定条件を柔軟に変更していくことも重要なポイントです。

「なにを」

顧客への商品案内やキャンペーンの告知、おすすめの使い方、利用者の声など、WEBサイトやメルマガ、LINE、スマホアプリを通じて届けるメッセージコンテンツの内容のことです。

コンテンツの目的にもよりますが、顧客への特別感の演出や、同じようなコンテンツを繰り返して飽きさせるようなことがないようにするなど、各社工夫をこらしています。

前項で設定したターゲット層（だれ）それぞれにあわせて、商品特性や商品継続のメリットなど伝えるポイントを変えることも

*21 デモグラフィック：性別、年齢、居住地域、所得、職業、家族構成など人口統計学的な属性の総称。顧客データ分析の基本的な切り口として使用される。
*22 サイコグラフィック：趣味、嗜好、価値観、意見など心理的な属性の総称。マーケティングにおいては、顧客を分類するための切り口として使用される。

求められます。

「いつ」

CRMにおいては、初回購入した時点から2回目、3回目の購入、そして場合によっては最終的な解約に至るまでの顧客のステータスに応じてとるべき施策のポイントが大きく変わってきます。

まず、総じて初回購入時点から早いタイミングでの施策は有効です。たとえば、定期購入を前提とする商品で、初回注文時にメールアドレスが取得できている場合には、「ステップメール」

図表6-2　CRMで使われる各コミュニケーション媒体の一例

媒体名		特徴
メール		商品購入やアップセル、クロスセルを直接的に促進するセリングメールと、情報提供やアンケートのメールを組み合わせることが多い。
LINE		幅広い年代をカバーしており、コミュニケーション手段として定着している。メールに比べて着目率が高い。メッセージと併せて画像や動画を送ることもできる。
SMS		メールに比べて1通あたりの単価は高い。文字数に制限があるものの着目率が高く、商品の購入促進だけでなく未入金の督促などで使われることもある。
自社WEB・WEB接客	WEB接客/チャットボット	初回のコンバージョン率を高める目的に加えて、「待たせない」「迷わせない」といったメリットがある。
	マイページ	マイページの機能を充実させてページ訪問のメリットを強化し、訪問頻度を上げることで低コストでおすすめ商品を案内できる。
	購入完了ページなどでの案内	購入完了画面などから、アップセル商品、クロスセル商品の案内ページへ遷移させる。
プリントDM(ダイレクトメール)		メールやLINEなどに比べて、印刷コストと郵送コストはかかるものの、着目率と保存性が高い。また、デザインや形状の自由度も高く、サンプル付きやオンデマンドで印刷できるサービスもある。
同梱物		プリントDMと同様に印刷コストはかかるが、商品と一緒に同梱するため、郵送コストがかからない。基本的に商品は開封されるため、着目率は100%である。
アウトバウンドコール インバウンドコール		会話（音声）でコミュニケーションが取れるため、圧倒的に情報量が多い。顧客からの想定質問に対して、あらかじめトークスクリプトを準備することで、その場での効果的な切り返しができる。

と呼ばれる購入日、または発送日を起点としたメール施策が効果的です。

さらに、継続的な購入が見込める顧客を維持するためには、ロイヤルティ（企業やブランドに対する信頼感などの好意的な感情）を向上させ、アップセルやクロスセルを実現していきます。本書におけるロイヤルティの考え方は後述します。

なお、関係性を強化し定着を図る過程において、顧客の企業・ブランドに対する印象や感情など、購買履歴などの行動データに表れてこない部分については、アンケートやヒアリングを通じてカバーする必要があります。

「どのように」

商品案内などのメッセージを届ける媒体を指します。

図表6-2は、CRMで使われるコミュニケーション媒体の例です。メール、LINE、SMS、WEB接客/チャットボット、購入完了ページ、プリントDM、同梱物、アウトバウンドコールでの案内などが代表的な手段ですが、実際に媒体を選択するうえでは、可能な限り事前テストによる効果測定を行ないます。このテストによって導き出された費用対効果が、媒体選択の基準となります。

目的別CRM施策実践のポイント

CRM施策を具体的に実践していくうえでは、各施策の目的を明確にして、タイミングやターゲットを設定したうえで内容や媒体を考える必要があります。ここで、施策の目的ごとに実践するうえでのポイントを見てみましょう。

早期定着

顧客基盤を維持していくうえでは、F2（＝2回目購入）転換率が極めて大切です。特に初回の購入コースが定期購入か1回購入かという点は重要で、LTVが2倍近く変わるケースもあり、売上に大きく影響します。そのため、定期購入ではない新規顧客に対してはできるだけ早いタイミングでF2転換へと誘導する施策が必要です。

また、F2転換率が10％上昇すれば、12か月後には初年度のLTVが約10％上昇するくらいのインパクトがあります。図表6-5はある企業の月次収支推移ですが、この企業ではF2転換率が60%から70%から引き上げられたことで、結果として年間回転数は5.00から5.66へと上がり、それに伴って年間LTVも約2,400円上昇していることがわかります。

図表6-3　CRM施策 目的とポイント

目的	タイミング	基本的なターゲット	主な内容	主な媒体
早期定着	特に ・初回購入 ・2回目購入	定期購入者含む全顧客	・商品説明 ・情報提供（継続の必要性など） ・定期コース提案（定期購入者には不要） ・クレジットカード決済優待	同梱物、メール、LINE、DM、アウトバウンドなど
アップセル/クロスセル	・初回注文時 ・F1以降	フロントエンド商品購入の全顧客	・上位商品の提案（アップセル） ・関連商品の提案（クロスセル）	初回注文の受電時、WEBでの初回注文完了画面、同梱物、メール、LINE、DM、SMS、WEB上のポップアップ、マイページ、アウトバウンド　など
解約防止	・定期コースF1以降	定期コースの継続顧客	・継続メリット ・FAQ（使用や飲用のタイミングなど） ・休会方法の案内 ・専用ダイヤルの案内 ・顧客へのご様子伺い ・ダウンセル商品の案内	同梱物、メール、LINE、DM、マイページ、アウトバウンド　など
休眠掘り起こし	・休眠認定後、定期的に	企業側が定義した休眠顧客	・再購入の案内 （休眠の状態に応じて、オファーなどを変える場合もある）	メール、LINE、DM、アウトバウンド　など
ロイヤルティ向上	・F2以降	フロントエンド商品購入者	・継続キャンペーン案内、特典オファー（プレゼント、ポイント、値引、イベントなどの特典） ・アンケート回答をもとにした情報提供 ・紹介特典案内	同梱物、メール、LINE、DM、WEB上のポップアップ、アウトバウンドなど

図表6-4　F1からF2への転換

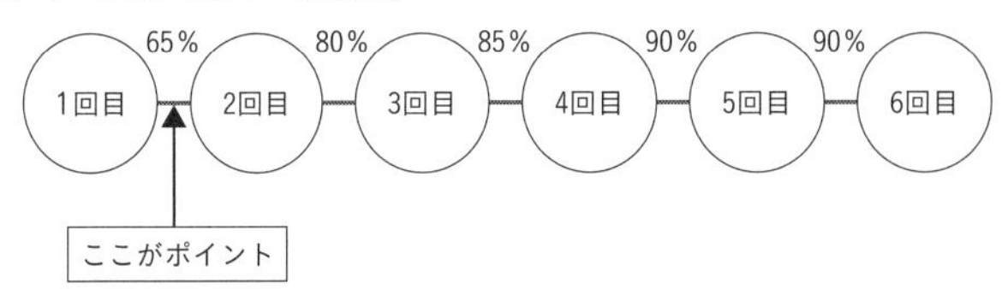

図表6-5　月次収支推移 F2転換率が10pt上昇した際の売上への影響（例）

年間回転率が約0.6回転向上し、初年度のLTVが約2,000円、24カ月の累積売上が1億円以上上がっている

タイミング	転換率
F1→F2	60.0%
F2→F3	85.0%
F3→F4	85.0%
F4→F5	90.0%
F5→F6	93.0%
F6→F7	93.0%
F7→F8	93.0%
F8→F9	93.0%
F9→F10	93.0%
F10→F11	93.0%
F11→F12	93.0%

商品名：国産こだわり青汁
販売価格：3,600円
初年度年間LTV：17,994円
初年度年間回転数：5.00回

	2020年12月	2021年1月	2021年2月	2021年3月
累積売上	7,200,000	18,720,000	33,912,000	52,225,200
累積事業利益	-29,320,000	-55,832,000	-79,957,200	-102,053,620
月次売上	7,200,000	11,520,000	15,192,000	18,313,200
初回売上	7,200,000	7,200,000	7,200,000	7,200,000
2回目以降売上	0	4,320,000	7,992,000	11,113,200
原価・販促費他1,260	2,520,000	4,032,000	5,317,200	6,409,620
顧客獲得費17,000	34,000,000	34,000,000	34,000,000	34,000,000
月次事業利益	-29,320,000	-26,512,000	-24,125,000	-22,096,420

新規顧客数	2,000	2,000	2,000	2,000
稼働顧客数	2,000	3,200	4,220	5,087

タイミング	転換率
F1→F2	70.0%
F2→F3	85.0%
F3→F4	85.0%
F4→F5	90.0%
F5→F6	93.0%
F6→F7	93.0%
F7→F8	93.0%
F8→F9	93.0%
F9→F10	93.0%
F10→F11	93.0%
F11→F12	93.0%

商品名：国産こだわり青汁
販売価格：3,600円
初年度年間LTV：20,392円
初年度年間回転数：5.66回

	2020年12月	2021年1月	2021年2月	2021年3月
累積売上	7,200,000	19,440,000	35,964,000	56,129,400
累積事業利益	-29,320,000	-55,364,000	-78,623,400	-99,515,890
月次売上	7,200,000	12,240,000	16,524,000	20,165,400
初回売上	7,200,000	7,200,000	7,200,000	7,200,000
2回目以降売上	0	5,040,000	9,324,000	12,965,400
原価・販促費他1,260	2,520,000	4,284,000	5,783,400	7,057,890
顧客獲得費17,000	34,000,000	34,000,000	34,000,000	34,000,000
月次事業利益	-29,320,000	34,000,000	-23,259,400	-20,892,490

新規顧客数	2,000	2,000	2,000	2,000
稼働顧客数	2,000	3,400	4,590	5,602

	2021年4月	2021年5月	2021年6月	2021年7月	2021年8月	2021年9月	2021年10月	2021年11月	2022年11月
	73,347,480	97,082,204	123,246,502	151,670,303	182,195,442	214,674,825	248,971,655	284,958,712	812,816,472
	-122,324,138	-140,896,567	-157,889,774	-173,414,303	-187,572,963	-200,461,364	-212,168,424	-222,776,838	-287,669,293
	21,122,280	23,734,724	26,164,298	28,423,801	30,525,139	32,479,383	34,296,830	35,987,056	49,042,975
	7,200,000	7,200,000	7,200,000	7,200,000	7,200,000	7,200,000	7,200,000	7,200,000	7,200,000
	13,922,280	16,534,724	18,964,298	21,223,801	23,325,139	25,279,383	27,096,830	28,787,056	41,842,975
	7,392,798	8,307,154	9,157,504	9,948,330	10,683,799	11,367,784	12,003,891	12,595,470	17,165,041
	34,000,000	34,000,000	34,000,000	34,000,000	34,000,000	34,000,000	34,000,000	34,000,000	34,000,000
	-20,270,518	-18,572,429	-16,993,207	-15,524,529	-14,158,660	-12,888,401	-11,707,060	-10,608,414	-2,122,066
	2,000	2,000	2,000	2,000	2,000	2,000	2,000	2,000	2,000
	5,867	6,593	7,268	7,896	8,479	9,022	9,527	9,996	13,623

	2021年4月	2021年5月	2021年6月	2021年7月	2021年8月	2021年9月	2021年10月	2021年11月	2022年11月
	79,572,060	106,062,572	135,387,586	167,348,687	201,761,349	238,453,962	277,266,931	318,051,830	919,485,884
	-118,278,161	-135,059,328	-149,998,069	-163,223,354	-174,855,123	-185,004,925	-193,776,495	-201,266,311	-218,334,175
	23,442,660	26,490,512	29,325,014	31,961,101	34,412,662	36,692,614	38,812,969	40,784,899	56,016,804
	7,200,000	7,200,000	7,200,000	7,200,000	7,200,000	7,200,000	7,200,000	7,200,000	7,200,000
	16,242,660	19,290,512	22,125,014	24,761,101	27,212,662	29,492,614	31,612,969	33,584,899	48,816,804
	8,204,931	9,271,679	10,263,755	11,186,385	12,044,432	12,842,415	13,584,539	14,274,715	19,605,882
	34,000,000	34,000,000	34,000,000	34,000,000	34,000,000	34,000,000	34,000,000	34,000,000	34,000,000
	-18,762,271	-16,781,167	-14,938,741	-13,225,284	-11,631,770	-10,149,801	-8,771,570	-7,489,816	2,410,923
	2,000	2,000	2,000	2,000	2,000	2,000	2,000	2,000	2,000
	6,512	7,358	8,146	8,878	9,559	10,192	10,781	11,329	15,560

F2転換率が向上した場合には、個別施策の成果を詳細に確認するなどして、その理由をできるだけ明確にしておくことが大切です。言語化や数値化することで再現性が高まり、次回以降の施策の成功率がより高くなるからです。なお、なかには、キャンペーンなどによりF2転換率を無理矢理上げたために、次のF3転換率が大きく下がってしまうようなケースも散見されますので、F2転換率だけではなく、F3転換以降を含めて見渡す習慣をつけましょう。

アップセル・クロスセル

アップセル率とクロスセル率については、まずは目安とする目標を定め、これをクリアしたらさらにそれ以上を目指す施策を打っていくのがセオリーです。

アップセル率は、通常商品とアップセル商品の価格差などの条件によっても異なりますが、アップセル施策の対象者の20%から40%程度の受注を最初の目標とするのが一般的です。そこをクリアしたら、さらにそれ以上を目指すための次の施策を打っていきましょう。

クロスセルでいえば、商品同士の関連性によって異なりますが、まずはクロスセルを案内する対象者の20%をクロスセル率の目標にするといいでしょう。全顧客に対してクロスセル施策を行なうなら、全顧客の20%が目標となります。

ただしこの20%という目安は、商品同士のカテゴリーの距離の近さによって上下します。たとえば、ブルーベリーを原材料とした健康食品とメガネタイプのルーペというように「アイケア系」としてカテゴライズできる商品同士や、膝サポーターとグルコサミン含有の健康食品というような「関節系」の商品同士は、距離の近い商品といえます。クロスセルを効果的に行なうためには、距離の近い商品を紹介するといった工夫が必要となります。

ここで、アップセル率とクロスセル率を向上させる2つのポイントを見てみましょう。

①提案の回数

行動経済学に「ザイアンス効果」と呼ばれるものがあります。これは、企業や商品の情報に接触する回数が増えるほど顧客の関心が高まり警戒心は薄れていくという現象で、リピート通販事業でもやはりこの効果の影響が見られます。実際には、顧客へのアップセル商品およびクロスセル商品の提案においては、もちろん施策の費用対効果を検証して判断する必要はありますが、顧客との接触回数が多くなるほどそれぞれの確率が向上する傾向はあります。自社の取り扱う商品の特性などを勘案して、接触回数を設計してください。

②提案のタイミング

一般に、アップセル・クロスセルのいずれにおいても、獲得効率がもっとも高いのは初回購入のタイミングだといわれます。WEB広告の場合は初回商品購入の完了ページでクロスセル商品を案内する、オフライン広告では初回注文を受ける電話でアップセル商品を案内する企業も見られます。

解約防止

リピート通販においては、初期の購入段階から「継続しないと効果が出ない」という説明を行なう必要があります。初回購入時には、商品の効果を強く訴えるケースが多いですが、初回で買っていただくことに加えて、継続して買い続けてもらうことも想定した説明が求められます。

言い換えると新規顧客獲得の施策における「期待値マネジメント」が重要ということです。初期の顧客は「お得」とか「効果がありそう！」といったメリットを感じて商品を購入している状態ですが、その段階から「継続して使うことで効果が実感できる」といったコミュニケーションを行なうことが大切です。なお、これはトライアル商材がある場合でも同様です。

たとえば初回購入時の同梱物（＝インナーツール）が果たす役割は非常に大きく、「この顧客はあくまでお試しで購入してくれた」ものと考えて同梱物のクリエイティブにこだわることが大切です。つまり、商品を使用する前の「F0顧客」へのDM（＝「F0DM」）という位置付けでインナーツールを考えるということです。

初回購入時の同梱物がほぼない企業もあるようですが、非常にもったいないことです。インナーツールを見直すことで、F2転換率が約11ポイント向上した事例もあります。

休眠掘り起こし

顧客との途絶えてしまった関係性を結び直すという観点では、休眠顧客の掘り起こしについても、既存顧客の維持というCRMの目的に含まれます。「休眠」の定義を明確に定めていない企業が散見されますが、前回購入からの経過日数や問い合わせの有無、定期購入商品の解約理由などに基づく定義を明確にしたうえで、効果的な休眠掘り起こしのための施策を打つ必要があります。

休眠復活率については、休眠顧客数のうち年間トータルで1～1.5%を目指したいところです。売上の観点でいえば、休眠復活は新規顧客獲得を補完することができますが、一方で注意すべきポイントがあります。たとえば、復活した休眠顧客、つまり一度解約した顧客の復活後のLTVは、解約経験がない顧客のLTVと比較して低くなる傾向にあります。解約経験がない顧客のLTVを１とすると、復活した休眠顧客のLTVは0.6～0.7程度にとどまるのが一般的です。

休眠掘り起こしの施策としては、休眠顧客をリスト化したうえで、RFM分析あるいはRF分析（→170ページ）で、施策を打つ対象を絞り込みます。これを「カットライン」といいます。たとえば最終購入から3年以上経過すると、休眠復活率はさらに急激に悪化する傾向があるので、ターゲットからカットするといったことです。ただし「最終購入から3年以上経過したF3顧客」といったような休眠復活の効率が多少よくないセグメントであっても、全体として費用対効果をクリアしているならば、メールやDM送付、アウトバウンドコールなど施策の対象に含めるという判断があってもいいでしょう。

ここで、休眠掘り起こしの施策を検討する際に重要となる7つのポイントを見てみましょう。

①最終購入商品

自社で複数商品を扱っている場合、休眠復活で案内する商品は、レスポンス率（休眠復活率）の観点から考えて、基本的に最終購入商品が最適です。ただし、たとえば上位商品がある場合には、同一条件でA/Bテストを実施してみるのもいいでしょう。

一方、A/Bテストの結果から、レスポンス率よりもトータルの売上額を優先して、上位商品を案内するといった判断になることもあります。

②R（最終購入経過日数：Recency）

当然ながら、基本的に最終購入経過日数が浅い（日数が経っていない）ほうが復活しやすいです。実際、顧客がその商品を購入したことを覚えているうちのほうが復活しやすいのは、いうまでもないことです。

最終購入経過日数が深い（日数が経っている）場合にはアウトバウンドコールなどが有効ですが、コストがかかるため費用対効果から判断することになります。

③効率のよいセグメント

リピート通販の場合、RFM分析のうちのM（累積購入金額：Monetary）はF（購入回数：Frequency）に比例することが多いため、R（最終購入経過日数：Recency）とF（購入回数）によって顧客を評価し、セグメントすることが一般的です。

ただし、たとえば商品の「まとめ買い」をする顧客が一定数いる場合、そうした顧客はF（購入回数）が低くてもM（累積購入金額）は高くなるため、Fが高い顧客層に加えて、Fが低くてもMの高い顧客層についても休眠復活の可能性が高いものとして考慮するといった対応が必要になる場合があります。

④購入特典

購入特典は「オファー」とも呼ばれ、累積の購入金額による特別値引きや商品サンプルのプレゼントなどを指します。また、ポイントプログラムを導入している企業では、購入ポイントの特別加算付与などにより再購買のきっかけをつくることも、休眠復活率を上げるために有効です。

⑤購入媒体

顧客の初回購入や最終購入の媒体を考慮して、休眠掘り起こしにおける接触媒体を選択することも重要な視点です。

たとえばアウトバウンドコールによる新規獲得施策を実施する企業が増えていますが、アウトバウンドで獲得した顧客は、休眠掘り起こしにおいてもアウトバウンドを選ぶほうが効果が高いといったことがあります。

⑥実施単価のグラデーション

たとえばプリントDMによる休眠掘り起こしにおいては、いきなり高単価の大判ツールや特殊形状のツールよりも、単価が相対的に安いものから検討したほうがいいでしょう。特にリピート通販事業を立ち上げたばかりであれば、休眠掘り起こしに回せる予算には限界がありますから、最初から高単価ツールに手を出すより、単価の安いものからテスト検討する必要があります。

ただしDMでいえば、紙面が大きいほうがレスポンス率はよくなる傾向にあるので、Rの深さ（最終購買からの経過日数の長さ）など顧客の休眠状態を考慮し、テスト結果も踏まえて判断することが重要です。

⑦解約理由

解約理由を把握している顧客であれば、その理由に対するカウンター提案が有効です。もちろんすべての顧客の解約理由を把握することは不可能ですが、把握できている場合は、その理由をクリアできるようなクリエイティブメッセージにより、再購買に繋げることが考えられます。

ロイヤルティ向上

CRMの土台となるのが、ロイヤルティという考え方です。ロイヤルティとは「企業やブランドに対する好意的な感情」を指しますが、企業は顧客との関係性において、顧客の直接的な行動以外の情緒的な部分も考慮しなければなりません。ロイヤルティの向上は、早期定着やアップセル・クロスセル、解約防止のそれぞれにおいて有効に働きます。

SNSの登場によって、顧客が自ら発信する媒体を持つようになったことで、ロイヤルティはより大きな意味を持つようになりました。顧客が自発的に企業やブランド、商品について発信してくれることで、マーケティング的にポジティブな影響を得られるからです。

企業やブランドが顧客に選ばれ続けるためには、顧客の頭の中で常に高い優先順位を占めていることが大切です。顧客の中には常に「買わない」「購入をやめる」という選択肢があり、競合商品や競合ブランドと順位争いを繰り広げている状態です。仮に、半年以上商品を継続購入してくれている顧客であっても、企業やブランドと良好な関係性が構築されていなければ、いつでも競合商品や競合ブランドへの乗り換えは起こりえます。

図表6-6　カスタマージャーニーマップの例

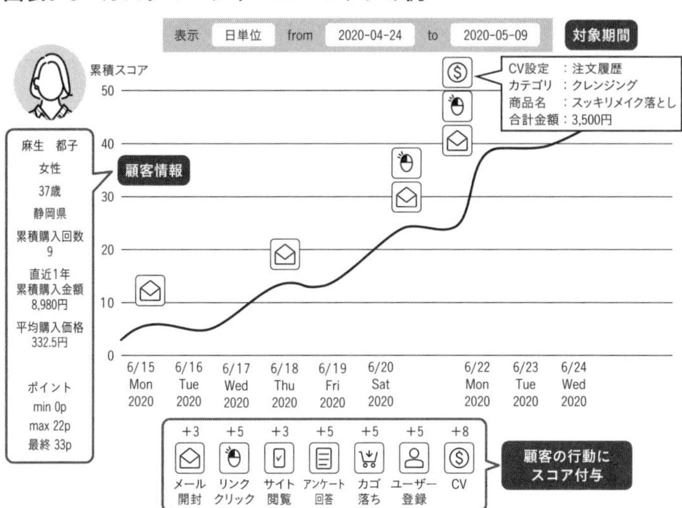

前述の通り、顧客の行動データだけから顧客のロイヤルティを測るのは難しく、ひとつは、顧客へのアンケートが有効です。顧客の商品に対する総合評価の調査方法として有効なのがNPS®（Net Promoter Score/ネットプロモータースコア）です。商品を購入した顧客に対して「この商品を身近な人へおすすめしたいですか」といった設問により、「推奨度合い」を11段階のスコアで回答してもらうという手法です。顧客ロイヤルティの状態をスコアで定量化できるというメリットがあり、さらに「推奨の理由」を項目選択方式や自由記述方式で回答させることで、総合評価の理由である心情や感情まで捉えることができます。こうしたデータは、次の施策検討・見直しに繋がる貴重な材料となります。

さらに、図表6-6のように顧客の行動データから「商品・ブランドへの期待値」を一定のロジックでスコアとして指数化して、カスタマージャーニーマップの形で可視化する方法もおすすめです。

顧客のアクションや顧客との接点をあらかじめ定義し、アクションの積み重ねによってロイヤルティが蓄積されていく様子を見える化するものです。

リピート通販ビジネス以外でも同様ですが、同じ効果効能の商品で価格もほぼ同じならば、顧客は好意を持つブランドの商品を選択します。ロイヤルティを向上させるポイントは、初回購入段階で、「なぜこの商品を販売しているのか」といった企業側の理念や研究開発の経緯・想いなどを顧客にしっかり伝えることです。特にメーカー系企業において対象商品が本業の中核ビジネスとかけ離れている場合や異業種からの参入の場合には、企業としての想いを早い段階から丁寧に説明することが、顧客からの信頼獲得に繋がります。

リピート通販では、ブランディング広告のみで商品を購入してもらうのは難しいこともあり、「ダイレクトマーケティングにブランディングは不要」といった指摘もありますが、私たちはリピート通販においても、顧客から選ばれ続けるためにロイヤルティ向上を狙ったブランディングは不可欠と考えています。

3 CRMの施策例

CRM施策は、スポット的に行なうのではなく体系的・継続的に実践し続けることで初めて成果を出すことができます。一つひとつの施策の目的を明確にし、それに合った形で、前述の「だれに」「なにを」「いつ」「どのように」を定める必要があります。さらに、そうした一つひとつの施策（＝点）を企業としての狙い（＝線）で繋げて取り組み、顧客を育成していくことが重要です。施策を追加したり見直したりする際も、「部分最適」ではなく「全体最適」の観点で行なうことが大切です。

デジタル時代のCRMの特徴としては、ターゲット層の年代にかかわらずオフライン媒体とオンライン媒体の融合、いわゆる「チャネルミクス」で施策を考える必要があるという点が挙げられます。たとえシニア層がメインターゲットの商品であっても、幅広いコミュニケーション媒体で全体施策を設計することが求められます。チャネルミクスの施策は幅広い顧客層の獲得に繋がり、いずれ直面する顧客の高齢化という問題に対しても先手を打つことになります。

施策のラインナップ

図表6-7は、リピート通販におけるCRM施策の一般的なライ

図表6-7　CRM施策の一般的なラインナップ

配信設定	施策（例）	コンテンツ（例）		目的				
				①早期定着	②アップセル/クロスセル	③解約防止	④休眠掘り起こし	⑤ロイヤルティ向上
ステップ配信	購入者フォロー	1	購入の御礼/ごあいさつ	○				
		2	商品同梱物の概要説明	○				
		3	商品の詳細/使い方・飲み方の説明	○				
		4	購入日起点の再購入促進	○	○			
		5	定期コース購入促進	○	○			○
		6	本商品購入促進（初回引き上げ）	○	○			○
		7	FAQ（よくある質問）の紹介	○		○		
		8	商品レビュー・アンケート回答促進	○		○		○
		9	安心・安全への取り組み紹介	○				○
		10	サイト内コンテンツ発信	○				○
		11	愛用者の声の紹介	○				○
		12	商品ラインナップ紹介		○			
		13	企業・ブランド設立背景					○
		14	商品開発の背景・秘話					○
	休眠・解約直後フォロー	1	これまでのお買い上げに対する御礼				○	
		2	余り商品の使い切り推奨				○	
		3	解約商品より効果の高いアップセル商品の紹介		○		○	
		4	特別オファー（限定値引きなど）の内容説明				○	
定期配信	会員登録未購入者フォロー	1	サンプル/トライアル商品の紹介	○				
	サンプル/トライアル商品申込者フォロー	2	本商品の紹介	○				
	訪問ページに合わせたフォロー	3	訪問ページ掲載商品の紹介		○	○		
	カゴ落ちフォロー	4	買い忘れのお知らせ		○	○		
	売れ筋商品紹介（レコメンド）	5	売れ筋商品の紹介		○	○	○	
	誕生日・記念日の購入特典・クーポン付与	6	購入特典・クーポン付与と利用促進		○	○	○	○
	会員ステージランクアップの促進	7	ランクアップによるメリットの説明		○			○
	LINEの友だち登録促進	8	友だち登録によるクーポン付与		○			○
	LINE ID連携促進	9	LINE ID登録によるクーポン付与		○			○
	ポイント有効期限の案内	10	保有ポイントの有効期限のお知らせ			○	○	
	休眠顧客活性化（休眠顧客フォロー）	11	過去購入商品の再購入促進				○	
	お友達紹介キャンペーン案内	12	キャンペーン特典の詳細説明					○
スポット配信	優良顧客への特別オファー	1	特別オファー（限定値引きなど）の内容説明		○	○		○
	セール・キャンペーン告知	2	セール・キャンペーンの詳細説明		○		○	
	新商品予約・発売案内	3	新商品の紹介		○			○
	SNSコンテンツの案内	4	動画コンテンツの紹介					○

ンナップの例です。配信タイミングによって大きく「ステップ配信」「定期配信」「スポット配信」に分けることができます。そのうえで具体的な施策とコンテンツについては、CRMの5つの目的に沿って整理できます。

ステップ配信とは、たとえば、新規顧客が初めて商品を購入した日やその出荷日を起点にして、あらかじめ設定しておいたシナリオに沿って複数のメールやLINEなどのメッセージを配信する施策を指します。

定期配信は、それぞれの施策ごとに対象をセグメントし、定期的に配信する施策です。一方、スポット配信は、施策の内容によって対象となる特定顧客層に対して都度配信する施策です。

ここで、図表6-7に挙げたCRM施策のラインナップから、一例としてトライアル商品購入者に対する本商品引上げのシナリオを考えてみましょう。

図表6-8　媒体の組み合わせによるシナリオイメージ

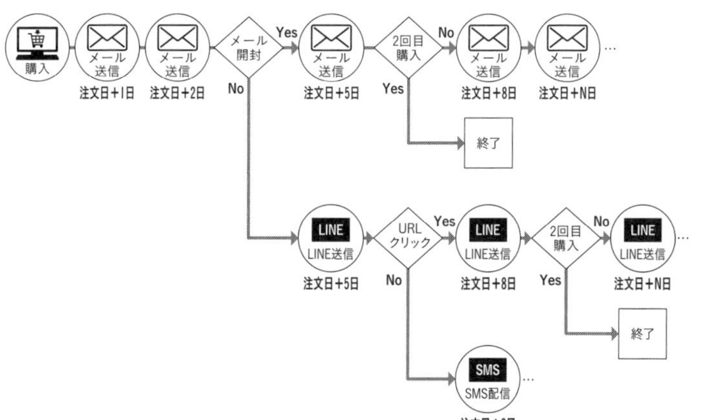

WEBでの施策については、顧客の反応を捉えられるメリットを生かし、顧客の反応によってシナリオを分岐することで、コストと効果のバランスが取れた施策を実践できます。たとえば、購入直後はコミュニケーションがとりやすい状態にあるので、コミュニケーションコストが安価なメールを活用して広くコミュニケーションを図り、メールを開封いただけていない方にのみ、LINEやSMSなどコストは高いものの顧客への到達率が高い媒体を組み合わせることで、リピート購入の可能性を高めることができます。

ここでは具体例として、トライアル商品購入者への本商品購入促進のステップメールとしては、たとえば図表6-9のような流れ

図表6-9　ステップメールの送信タイミングと内容（例）

送信タイミング	メールの内容（例）
注文日	ご注文の御礼 これから情報発信する旨のご挨拶
注文日+1日	アンケートのお願い 「あなたの悩みをお聞かせください。」
注文日+2日	商品の使い方の案内 （使用量やお手入れ方法の説明）
注文日+5日	使い続けるメリット （継続使用によるお悩み改善への期待感の醸成）
注文日+8日	お客さまの声の紹介（VOC）
注文日+12日	定期コースのご案内 （定期引上げ）
注文日+14日	肌周期についての情報提供 （ターンオーバー）
注文日+16日	定期コースのご案内（定期引き上げ） 限定クーポンの提示
注文日+23日	実感の問いかけ 「こんな小さな変化ありませんか？」
注文日+25日	都度コースの案内 「もう1カ月だけ使ってみませんか？」

が考えられます。

一般に、WEBでの購入は他社商品と十分に比較されたあとであり、購入直後の顧客の心理状態としては、商品の効果効能に対する期待感に満ちています。購入した商品についてさらに詳しく知りたいという欲求に応える必要もあり、送信タイミングを小刻みにしてアプローチします。

注文日：注文のお礼、これから情報発信する旨の挨拶

注文を受けたら、「挨拶」としてお礼や今後の情報発信の案内を行ないます。

注文日＋1日：アンケートの依頼

「あなたの悩みをお聞かせください」といったように、商品の購入目的や商品に対する期待、解消したい悩みなど、顧客理解を深めるためのアンケートを行ないます。

注文日＋2日：商品の使い方の案内

使用量やお手入れのポイントなど、商品の使用方法を詳しく案内します。

注文日＋5日：使い続けるメリット

本商品を使い続けるメリットをアピールし、継続購入意欲を刺激します。

注文日＋8日：お客さまの声（VOC：Voice of Customer）

「お客さまの声（VOC）」を紹介します。「注文日＋5日」に案内した「使い続けるメリット」と同様に継続利用の意識を醸成するための仕掛けですが、さらに第三者の声によってその商品への信頼性や安心感を高める狙いがあります。これは、商品の提供者である企業からの案内よりも、利害関係のない第三者からの案内をより信頼するという顧客心理に対応した施策の1つです。

VOCは「顧客実感」を得るための情報としても重要ですが、これについては第7章で詳述しましょう。

注文日＋12日：定期コースの案内

具体的に定期コースの案内を行ないます。

注文日＋14日：情報提供

顧客にとって有用な情報をアナウンスします。この場合、短期間で商品の効果効能を求める顧客に対して期待値をコントロールすることが狙いです。

商品を正しく使用してもらい、適正に評価、判断してもらうために必要な情報提供です。

注文日＋16日：定期コースの案内

再び定期コースを案内します。限定クーポンを提示するなどの購入特典（オファー）を設けるとより有効です。

注文日＋23日：効果の実感

「こんな小さな変化はありませんか？」といったように、商品を使ったことによる効果を実感させる問いかけを行ないます。

注文日＋25日：都度コースの案内

この時点で定期購入申し込みがなかった顧客に対して、「もう

1カ月だけ使ってみませんか？」といったように都度コースを案内します。

以上は一例にすぎませんが、ステップメールの最大のポイントは、購入促進（セリング）を目的としたメールと情報提供（インフォメーション）のメールを組み合わせることです。また、1回のメールにたくさんの情報を組み込むよりも、送信回数を多くすることも大切なポイントです。さらに、費用対効果次第ですが、コミュニケーション媒体を増やすという観点から、WEB注文者にも紙媒体のDMを送るメリットがあり、検討してみてもいいでしょう。

CRMとは、つまるところ顧客とのコミュニケーションです。顧客の状態を想定してCRM施策を実行し、その成果を見ながら柔軟にチューニングしていきます。ここでいう成果とは、セリング目的のメールであればメール開封率や目標売上額（コンバージョン）、本商品への引き上げ率などを指します。自社が提供可能な価値を顧客目線で考え、自社にしかできない最適なコミュニケーションのあり方を模索しながら、CRM施策を設計・実践し、ブラッシュアップし続けていくことが大切です。

第7章

リピート通販のデータ分析

リピート通販・リピート型D2Cの市場 第1章

基本的な考え方（成功企業が実践する基本原理） 第2章

参入市場の決定、商品設計・開発 第3章

第4章 事業計画の策定

第5章 広告・販売

第6章 CRMの実行

第7章 データ分析

少人数でも勝てる組織戦略 第8章

1 データ活用の重要性

リピート通販において データ活用が重要な理由

通販ビジネスの特徴として、顧客との直接の取引を通じてさまざまなデータを蓄積し、分析することで発展してきたという点が挙げられます。

現代の消費者は、圧倒的な利便性を求めてデジタルサイドに移行し、企業とのやり取りや購買方法を含め、デジタルのコミュニケーションが急激に拡大しています。

それゆえ現代のリピート通販企業では、データ活用の重要性がいっそう高くなっています。リピート通販企業は、顧客の購買行動はもちろん、購買に至る経緯、感情の変化、購買後の感想について顧客からのフィードバックを得て、商品改善や新たな商品の企画、次の販売戦略・事業計画に活かしていくことが求められます。

このようなデータ活用の重要性については、シニア層を含めたあらゆる年齢層に対して当てはまります。

図表7-1　データ活用の重要性

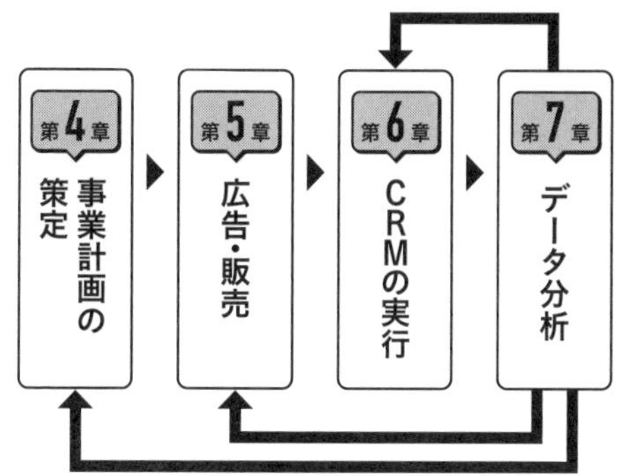

消費者がデジタルでのコミュニケーションを求めるようになったことで、情報伝達の速度が上がり、顧客に関するデータも急増し、マーケティング担当者が見なければならない情報量は以前と比較にならないほど拡大しています。

今後もデジタルシフトが加速していくなかで、企業はデータを活用するための環境を整備し、自社にとって有効な活用方法を確立していくことが求められます。

データ分析部門の役割

リピート通販ビジネスにおけるデータ分析部門は、入口にあたるデータ収集から、出口にあたる施策の社内提案まで幅広い役割を担います。データを分析して施策を立案するだけではなく、意思決定者（部署）に近い存在として、社内の関係部署と連携しながら施策を推進していく役割が求められます。

そのためデータ分析部門は、組織横断的にリピート通販事業全体の業務プロセスの中にしっかり位置づけられていることが大切です。どんなに価値がある分析結果を導き出しても、施策への落とし込み、実践がされなければデータ分析部門としての役割を十分に果たしているとはいえません。

さらにデータ分析の業務では、自社のビジネス構造や関連する各部門の業務内容に精通していることが求められます。ビジネス構造と実際の業務内容への理解なしには、本質的な価値を生む施策を提案できないからです。

たとえば、自社が主力商品とクロスセル商品を両方買ってもらわないと新規顧客の獲得コストを回収できない事業構造であると理解していれば、いつ、どのようなコミュニケーション媒体で提案し、購入してもらうとF2CPOを抑えつつ、LTVを最大化できるのか、という分析の必要性が分かるはずです。さらに、分析結果から施策改善を実践するには、当該部門にとっての実施難易度や実施期間まで想定して提案することが大切です。それには各部門の業務内容を理解していることが求められます。

リピート通販事業の売上が数億円を超える企業でも、社内リソースの問題から、データ分析業務を外部の専門コンサルティング会社やパートナー企業に委託しているケースが見られます。たしかに初期の設備投資や人件費を考えると、外注したほうがコスト的に見合う場合もあり、そのような支援を受けるのも1つの選択肢です。

一方で、データ分析を内製化すれば、自社に則したデータ分析・活用のノウハウが着実に蓄積されていきます。最初はうまくいかないこともあると思いますが、部署としての経験、実務担当者の経験は企業としての貴重な資産になっていきます。

さらに、データ分析を内製化することで、分析結果に基づきスピーディに施策の見直しを行なうことができます。たとえば、製品のコンセプトやキーメッセージについては、製造部門や管理部門との調整が必要となり、データ分析部門から社内の関連部署に働きかけできるといいでしょう。一方、メール配信対象のセグメントや配信時間であれば、データ分析部門の判断で微調整して再配信し、結果を検証してみるといった対応が可能です。

2 データ活用の役割

リピート通販におけるデータ活用の役割

リピート通販におけるデータ活用の最大の目的は、自社商品の潜在顧客と既存顧客を正しく理解することで、新規顧客の獲得、および既存顧客のLTVの最大化を実現することにあります。

リピート通販は、継続的に新規顧客を獲得し続けるとともに、一旦受注した顧客から2回目3回目の受注を獲得し続けるという継続性を前提としています。そのためデータ活用においても、計画（Plan）→実行（Do）→評価・分析（Check）→改善（Action）といういわゆるPDCAサイクルの実践を継続することが求められます。

さらにリピート通販においては、私たちはPDCAに加えて、市場や既存顧客の状態を見て、戦略・施策の全体像を考える「See（＝全体を見る）」「Think（＝考える）」のステップが必要と考えます。「Check」と「See」の違いですが、たとえば既存顧客へのCRMの場合、「Check」は「Do」で実施した各施策の成果を個々に分析・評価するものであるのに対して、「See」は実施した

図表7-2　ST＋PDCAサイクルの概念

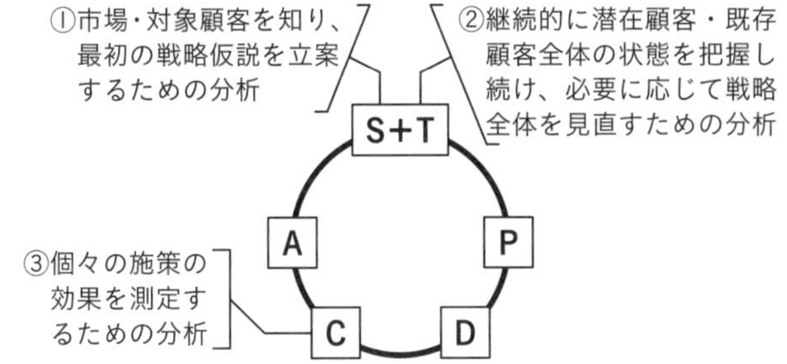

すべての施策の結果、既存顧客全体の状態がどのように変化しているかを見るといったことです。

リピート通販におけるデータ分析の役割は非常に多岐にわたりますが、ここで特に重要な3つを挙げましょう。

①市場・対象顧客を知り、最初の戦略仮説を立案するための分析

「広告戦略」においては市場（潜在顧客）の基本的なセグメント仮説を決めるための分析であり、「CRM戦略」においては獲得し始めた既存顧客のセグメント仮説を決めるための分析です。初期の戦略仮説を立案するための起点として、最初に実施する分析であり、「ST＋PDCA」における1回目の「ST」に位置付けられます。

②継続的に潜在顧客・既存顧客全体の状態を把握し続け、必要に応じて戦略全体を見直すための分析

各種施策を実施したあとに、顧客全体の状態の変化を把握するための分析です。「ST＋PDCAサイクル」の2回目以降の「ST」

に位置付けられ、顧客セグメントの見直しや施策全体の重み付け（＝予算配分）の判断材料となります。

ここでは、一連の施策を実行する前の顧客全体の状態と、実行後の状態を見比べる分析が中心となります。さらに、私たちはこれに加えて一人ひとりの顧客に注目して各種施策への反応から、購買に至る経緯、期間、その間の心情の変化などを時系列で追う「カスタマージャーニー」的な見方を重視しており、これを「顧客実感」と呼んでいます。「顧客実感」については、182ページで後述します。

③個々の施策の効果を測定するための分析

実施した個々の施策に対する顧客の反応とその成果を見るための分析です。「ST＋PDCA」サイクルの「CA」に位置付けられます。たとえば、CRMにおけるF2転換（2回目購入）を促すためのメール施策であれば、顧客セグメント別のメールの開封率、文中のリンクからのWEBサイトへのアクセス率、最終的に購入に至ったコンバージョン率を分析し、次回メール配信する際のセグメントの見直しや、未開封層に対するLINE配信などアクションの見直しに繋げます。

3 先進企業が実践する実際の分析手法

先進的なリピート通販企業で用いられる11のデータ分析手法

前節でデータ分析の3つの役割について述べましたが、ここで多くのリピート通販企業で用いられている代表的な分析手法を見ていきましょう。

図表7-3　リピート通販における主なデータ分析手法

		役割		収益貢献との関係	
		①全体戦略を立案するための分析（ST）	②施策一つひとつの成果を見るための分析（CA）	新規顧客獲得	既存顧客の継続・LTVの最大化
1	継続状況分析（LTV分析）	○	○		○
2	稼働顧客数推移と休眠顧客数推移	○			○
3	RFM分析（またはRF分析）	○			○
4	休眠・離脱顧客分析	○			○
5	バスケット分析	○			○
6	購買パターン分析	○	○		○
7	引き上げ分析	○	○		○
8	獲得月別媒体別CPO		○	○	
9	出稿広告分析		○	○	○
10	WEB広告分析		○	○	
11	CRM施策分析（アクション分析）		○	○	

1　継続状況分析(LTV分析)

顧客を獲得した月別に、その顧客からの売上を継続的に見ていく分析です。新規獲得した顧客による獲得月から一定期間経過するまでの合計購入金額から、継続購入の状況と売上貢献度を見ます。リピート通販事業においては、獲得した顧客からの継続的な売上、すなわちLTVが極めて重要な指標ですから、もっとも基本的な分析のひとつといえます。

さらに商品別や獲得媒体別など切り口を加えながら、想定と実績とのギャップの要因、時系列での良化・悪化の原因を深掘りしていきます。

なお、一般にリピート通販事業においてLTVは年間LTVを指すことが多いのですが、事業開始から複数年が経ったら、年単位での継続状況の把握が必要になってきます。次第に継続率が安定してくると、翌年度の売上維持に必要な新規獲得数を精度高く想定できるようになります。

また、将来の事業拡大を見据えて投資コストの回収期間を複数年で見込む場合にも、年単位の継続率が重要となります。

2　稼働顧客数推移と休眠顧客数推移

稼働顧客数と休眠顧客数の推移を見る分析です。「継続状況分析（LTV分析）」が事業全体の状況やさまざまな施策のトータルの成果を見るのに対して、「稼働顧客数推移」と「休眠顧客数推移」は、日々の新規顧客獲得の活動、およびCRMの成果を直接

図表7-4　継続状況分析（LTV分析）の例

初回購入した月

2021年12月に初回購入した顧客が、以降何回購入しているか？
人数および継続率を見る

獲得月（顧客の初回購入日）

				初回	2回目	3回目	4回目	5回目	6回目	7回目	8回目	9回目	10回目
合計	合計購入金額	148,977,000	顧客数	90,080	27,500	10,909	2,560	1,368	1,368	780	409	217	91
	平均購入金額	15,505	継続率		30.5%	12.1%	2.8%	1.5%	1.5%	0.9%	0.5%	0.2%	0.1%
	平均購入回数	1.5											
	平均単価	10,060.9											
2021年12月	合計購入金額	40,398,000	顧客数	2,787	975	364	151	72	32	16	4	2	0
	平均購入金額	14,495.2	継続率		35.0%	13.1%	5.4%	2.6%	1.1%	0.6%	0.1%	0.1%	0.0%
	平均購入回数	1.6											
	平均単価	9,157.1											
2022年1月	合計購入金額	41,782,000	顧客数	3,040	1,043	379	149	62	24	12	4	4	3
	平均購入金額	13,744.1	継続率		34.3%	12.5%	4.9%	2.0%	0.8%	0.4%	0.1%	0.1%	0.1%
	平均購入回数	1.6											
	平均単価	8,852.1											
2022年2月	合計購入金額	35,947,000	顧客数	2,603	823	256	91	38	12	5	2	0	0
	平均購入金額	13,809.8	継続率		31.6%	9.8%	3.5%	1.5%	0.5%	0.2%	0.1%	0.0%	0.0%
	平均購入回数	1.5											
	平均単価	9,385.6											
2022年3月	合計購入金額	30,850,000	顧客数	2,126	625	210	69	21	11	5	2	1	0
	平均購入金額	14,510.8	継続率		29.4%	9.9%	3.2%	1.0%	0.5%	0.2%	0.1%	0.0%	0.0%
	平均購入回数	1.4											
	平均単価	10,048.9											

初回購入に至った広告媒体

各広告媒体から購入した顧客が、以降何回購入しているか？
人数および継続率を見る

獲得媒体名（顧客の初回購入媒体）

				初回	2回目	3回目	4回目	5回目	6回目	7回目	8回目	9回目	10回目
合計	合計購入金額	62,991,000	顧客数	10,185	7,528	5,802	4,202	2,849	1,810	1,061	611	292	127
	平均購入金額	10,562.6	継続率		73.9%	57.0%	41.3%	28.0%	17.8%	10.4%	6.0%	2.9%	1.2%
	平均購入回数	3.4											
	平均単価	3,121.2											
新聞広告	合計購入金額	627,000	顧客数	100	73	56	37	22	13	8	4	3	2
	平均購入金額	6,270	継続率		73.0%	56.0%	37.0%	22.0%	13.0%	8.0%	4.0%	3.0%	2.0%
	平均購入回数	3.2											
	平均単価	1,971.7											
WEB広告	合計購入金額	26,448,000	顧客数	2,091	1,541	1,177	846	557	358	226	140	71	32
	平均購入金額	12,648.5	継続率		73.7%	56.3%	40.5%	26.6%	17.1%	10.8%	6.7%	3.4%	1.5%
	平均購入回数	3.4											
	平均単価	3,757.4											
テレビCM	合計購入金額	22,781,500	顧客数	1,884	1,408	1,060	766	509	310	168	88	37	14
	平均購入金額	12,092.1	継続率		74.7%	56.3%	40.7%	27.0%	16.5%	8.9%	4.7%	2.0%	0.7%
	平均購入回数	3.3											
	平均単価	3,648.5											
アウトバウンド	合計購入金額	13,134,500	顧客数	1,783	1,301	1,017	740	510	325	181	103	47	21
	平均購入金額	7,366.5	継続率		73.0%	57.0%	41.5%	28.6%	18.2%	10.2%	5.8%	2.6%	1.2%
	平均購入回数	3.4											
	平均単価	2,178.9											

的に見る分析といえます。リピート通販事業においては、顧客全体の状況を捉えることで、当月の売上金額の着地予測を立てたり、来月以降の新規顧客獲得のための出稿計画や休眠顧客の掘り起こし施策をいち早く検討することが大切です。

また、トータルの稼働顧客数に加えて、購買頻度や累計の購入金額など一定の条件を満たす顧客を「優良顧客」「準優良顧客」として、その継続状況をあわせて見ることもあります。

どのような状態の顧客を「休眠顧客」と位置付けるか=「休眠認定」の定義についても企業によって異なります。

【休眠顧客の定義(例)】
①定期顧客の場合
:定期解約した翌日以降
②都度購入あるいは1回購入の場合
:(購入が1カ月サイクル設計の商品であれば)「30日×箱数+10日」以降

3　RFM分析(またはRF分析)

直近で、自社の顧客がどのくらいの頻度でどのくらいの購買があるかを見る分析です。「R」(Recency)は最終購入日からの経過日数、「F」(Frequency)は累計購入回数、「M」(Monetary)は累計購入金額を指し、この3つの指標の掛け合わせによって、顧客の分布を把握するとともに、分布の動態を定点的に観察することで、CRM施策全体の効果検証に利用するものです。

さらにRFM分析は、多くの企業で自社顧客のランク付けの定義としても活用されていて、CRM施策において、たとえばダイ

図表7-5　稼働顧客数推移と休眠顧客数推移の例

稼働顧客	2022年 9月1日 71,960	2022年 9月8日 72,196	2022年 9月15日 72,284	2022年 9月22日 72,486	2022年 9月29日 72,541	2022年 10月6日 73,225	2022年 10月13日 73,521	2022年 10月20日 73,651	2022年 10月27日 73,717
優良顧客	11,187	11,155	11,146	11,298	11,393	11,419	11,505	11,573	11,798
	15.5%	15.5%	15.4%	15.6%	15.7%	15.6%	15.6%	15.7%	16.0%
準優良顧客	8,840	8,844	8,888	[illegible]	[illegible]	[illegible]	[illegible]	[illegible]	[illegible]92
	12.3%	12.2%	12.3%	[illegible]	[illegible]	[illegible]	[illegible]	[illegible]	[illegible]5%
一般顧客	12,191	12,287	12,294	12,199	12,135	12,121	12,120	12,110	12,091
	16.9%	17.0%	17.0%	16.8%	16.7%	16.6%	16.5%	16.4%	16.4%
新規顧客	8,751	8,632	8,607	8,598	[illegible]	8,837	9,038	9,088	9,045
	12.2%	12.0%	11.9%	11.9%	[illegible]7%	12.1%	12.3%	12.3%	12.3%
休暇顧客	30,991	31,278	31,349	31,452	31,[illegible]	31,660	31,991	31,991	31,591
	43.1%	43.3%	43.4%	[illegible]	[illegible]	[illegible]	[illegible]	[illegible]	[illegible]

増加傾向の「一般顧客」に対し、優良化のための施策を継続的に実施。翌週以降、「優良顧客」の数が徐々に増加。

週を追うごとに減少傾向が続いていた新規顧客だが、広告出稿を見直すことで、新規顧客獲得が増加。

図表7-6　RFM分析の例

例　F5：購入回数5回以上

	F5	F4	F3	F2	F1
R30	435（人）	288（人）	545（人）	1,012（人）	2,001（人）
	58,343（円）	39,882（円）	28,290（円）	18,865（円）	8,698（円）
	[illegible]	[illegible]	15,418,000（円）	18,585,000（円）	[illegible]
R60	[illegible]	[illegible]	425（人）	860（人）	[illegible]
	59,521（円）	41,860（円）	30,216（円）	19,486（円）	9,707（円）
	17,023,000（円）	5,693,000（円）	12,842,000（円）	16,758,000（円）	15,463,000（円）
R90	196（人）	136（人）	333（人）	704（人）	1,373（人）
	64,480（円）	41,860（円）	30,354（円）	21,270（円）	10,585（円）
	12,638,000（円）	[illegible]	10,108,000（円）	14,974,000（円）	14,533,000（円）
R120	[illegible]	137（人）	303（人）	609（人）	
	63,684（円）	41,891（円）	32,017（円）	22,156（円）	
	12,100,000（円）	5,739,000（円）	9,701,000（円）	13,493,000（円）	
R360	799（人）	822（人）	2,147（人）	4,903（人）	11,986（人）
	[illegible]	[illegible]	30,442（円）	[illegible]	10,291（円）
	51,045,713（円）	34,425,360（円）	65,359,000（円）	95,834,038（円）	123,348,000（円）

レクトメッセージの訴求ポイントや表現方法を変える「セグメント」として使われています。

ちなみに、リピート通販の場合は1回あたりの客単価が大きく変わらないため、「M」は「F」に比例するものと見なし、「R」と「F」の2軸だけで見る「RF分析」とする場合もあります。

なお、RFM分析は、顧客の獲得・維持にかかるコストが考慮されていない点、RFM分析だけでは顧客の購買パターンの把握には繋がらないといった限界があることは理解しておくといいでしょう。

4　休眠・離脱顧客分析

顧客の基本属性や購入回数ごとに、休止や解約の理由を分析するものです。図表7-7では、購入回数が多いほど「飲み余り」という解約理由が増えており、「飲み余り」を解消して継続してもらうために必要な情報提供を行なうといった対応が考えられます。

なお休眠・離脱顧客分析では、その理由とあわせて休眠復活後の年間LTVを把握する必要があります。休眠復活後の年間LTVは、解約未経験の顧客と比べて6割から7割程度に留まることが多く、休眠掘り起こし施策に掛けられるコストを見極めるためです。

5　バスケット分析／相関ルール分析

頻繁に購入される商品の組み合わせを見つけるための、商品軸による分析手法です。特定の商品を購入した顧客に対して、アップセルやクロスセルとして提案すべき商品を見極めるために有効です。

図表7-7　休眠・離脱顧客分析の例

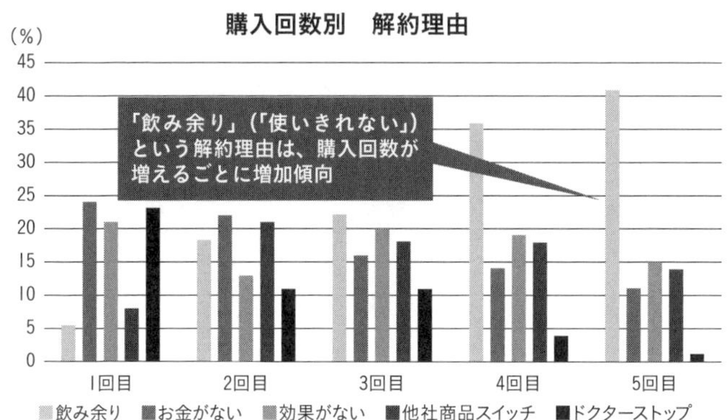

図表7-8　バスケット分析の例

No.	相関ルール（人／%）							同時数（オ）	確信度（%）(オ)÷(ア)	リフト値 ((オ)÷(ア))÷((ウ)÷(全顧客数))
	条件部（商品A）	件数(ア)	割合(イ)		帰結部（商品B）	件数(ウ)	割合(エ)			
1	美容液	7,740	8.6	⇒	毛穴クリーム	7,825	8.7	1,604	20.7	2.39
2	毛穴クリーム	7,825	8.7	⇒	美容液	7,740	8.6	1,604	20.5	2.39
3	保湿オイル	11,308	12.6	⇒	薬用洗顔	11,463	12.7	2,970	26.3	2.06
4	薬用洗顔	11,463	12.7	⇒	保湿オイル	11,308	12.6	2,970	25.9	2.06
5	ビタミンC	10,390	11.5	⇒	除毛液	10,457	11.6	1,550	14.9	1.29

条件部、帰結部
ある商品A（条件部）から見て、同時に購入されやすい商品B（帰結部）

同時数
商品Aと商品Bの両方を購入したことがある顧客の数

確信度
商品Aを買った顧客のうち一緒に商品Bを購入した顧客の割合。「確信度」が高いほどそのルールを適用する効果が期待できる

リフト値
全顧客のなかで商品Bを購入した人の割合に対して、商品Aを購入した人のなかで商品Bを購入した人の割合が何倍かを示す指標。「商品Aを購入していると、どれだけ商品Bも購入されやすいか」を示す

6　購買パターン分析

顧客のさまざまな購買パターンのなかから、自社にとっての優良顧客がどういった順番で商品を購入しているかというパターンをたどる分析です。現在までのLTVが高い優良顧客の過去の購買パターンを探ることで、そのパターンにほかの顧客を導いていくといった施策に繋げることができます。

たとえば図表7-9の例では、2回目に「ピュア美容液」を購入した顧客は、①2回目が「スッキリメイク落とし」の顧客よりも3回目での離脱率が低いこと、また②3回目に「スッキリメイク落とし」を購入する割合が高いことがわかります。

このようにして、新規顧客が「優良顧客」に育つきっかけに

図表7-9　購買パターン分析の例

1回目				2回目				3回目			
1	スッキリメイク落とし	2,586	78.1%	1	スッキリメイク落とし	1,679	64.9%	1	スッキリメイク落とし	316	18.8%
								2	ヒアルロン酸クリーム	193	11.5%
								3	ピュア美容液	101	6.0%
								4	その他	326	19.4%
								5	離脱	745	44.4%
				2	ピュア美容液	453	17.5%	1	スッキリメイク落とし	264	58.2%
								2	スキンケアオイル	70	15.5%
								3	ヒアルロン酸クリーム	29	6.4%
								4	その他	27	5.9%
								5	離脱	63	13.9%
				3	その他	195	7.5%				
				4	離脱	259	10.0%				

なった商品を把握できれば、その商品をまだ購入していない顧客に対しておすすめするといった施策を打つことができます。

7　引き上げ分析

トライアル商品（お試し商品）から本商品への引き上げ状況を見る分析です。

具体的には、トライアル商品購入日から何日後に本商品購入のピークが訪れているかを見ると、顧客のおおよその本商品購入のタイミングがわかります。引き上がったタイミングが想定より遅ければ、本商品への引き上げ施策の改善を検討します。

なお、広告媒体がオンラインとオフラインでも引き上げ日数が異なる場合があり、両者それぞれ見る必要があります。

「引き上げ分析」は、引き上げ施策のテスト時、また、トライア

図表7-10　引き上げ分析の例

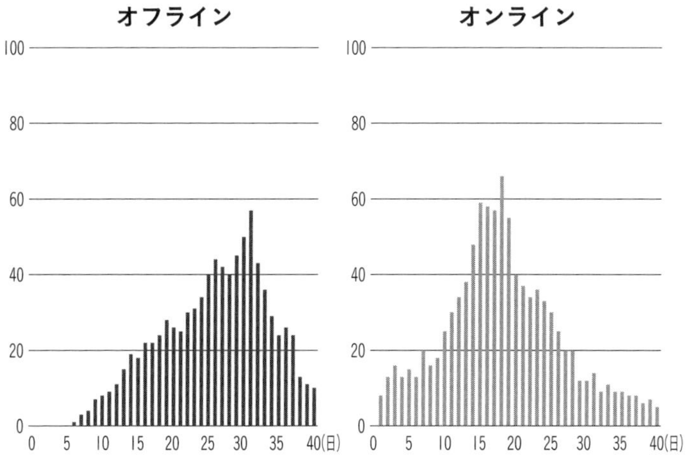

ル商品や本商品の販売価格の変更時、さらにオファー（購入特典）の変更時などにも実施します。ちなみに商材によって違いはあるものの、トライアル商品と本商品の価格差が小さい場合、あるいは本商品購入時にインパクトの強いオファー（購入特典）がある場合でも、引き上げ率は40%前後がひとつの目安になります。

また、引き上げ分析と並行して、一定期間内において同一商品が再購入された割合を見ることもあります。再購入率から消費サイクルを確認することで、再購入に至らなかった「離脱」の割合や顧客の特性を把握し、本商品への引き上げや再購入を提案するタイミングを見極めることができます。

8　獲得月別・媒体別CPO

新規顧客を獲得した月や媒体といった切り口で、購買パターンやCPOの変化を把握するものです。媒体にはそれぞれの特性があり、媒体によってCPOだけでなく年間LTVにも差が出てきます。そのため媒体ごとに目標CPOを変えることがあり、これらを月別に集計することで、全体としての新規顧客獲得の効率の変化を確認する狙いがあります。

図表7-11　獲得月別・媒体別CPOの例

WEB	2021年12月	2022年1月	2022年2月	2022年3月	2022年4月	2022年5月	2022年6月
1回購入（人）	54	65	78	92	77	113	121
定期購入（人）	45	76	59	88	54	89	87
合計（人）	99	141	137	180	131	202	208
CPO（円）	15,900	13,600	14,300	16,000	13,900	13,400	12,500

新聞純広告	2021年12月	2022年1月	2022年2月	2022年3月	2022年4月	2022年5月	2022年6月
1回購入（人）	86	55	113	78	54	98	67
定期購入（人）	77	48	89	56	43	69	58
合計（人）	163	103	202	134	97	167	125
CPO（円）	16,500	15,300	14,400	15,600	13,800	15,400	14,300

テレビインフォマーシャル	2021年12月	2022年1月	2022年2月	2022年3月	2022年4月	2022年5月	2022年6月
1回購入（人）	161	158	173	135	156	144	139
定期購入（人）	83	59	101	94	75	66	71
合計（人）	244	217	274	229	231	210	210
CPO（円）	11,400	12,300	14,700	15,600	13,900	15,300	14,300

9　出稿広告分析

出稿した広告の効果・効率を見ることで、次の広告の媒体・訴求ポイント・表現方法の見直しに繋げるための分析です。たとえば、分析結果からWEB広告で獲得した新規顧客のうち、どの広告媒体で獲得した顧客の継続率が高く、LTVがよいのか、自社商品と相性が良い媒体はどれかといったことを見極め、広告予算の配分を最適化します。

商品同梱広告など、受注までの期間が長い媒体についても、一定期間が経過した段階までの成果に基づいて着地を予測することで、次の一手を迅速に判断できます。

また、テレビの生コマーシャルやラジオなど、注文受付電話の瞬間呼量、つまり単位時間あたりの電話量が多くなる媒体に出稿する際には、事前に呼量を予測することでコールセンター側の体制を最適化し、機会損失を回避することができます。ちなみに、オペレーターによる聞き取りでは商品番号を電話口で聞き取って入力する方法が主流ですが、媒体不明（どの媒体を見て電話してきたのかがわからない）率が10%を超えるようでは、媒体評価の信頼性が損なわれるため、コールセンターに媒体確認の徹底を促すこともデータ分析部門に期待される役割です。

10　WEB広告分析

図表7-12はWEB広告の改善を図るために見るべき代表的な指標です。WEB広告においても、やはり新規顧客獲得コストであるCPAの重要度がもっとも高いですが、広告のクリック、さらに広告の表示という形で、遡って広告の効果を検証することが大切です。

11　CRM施策分析（アクション分析）

既存顧客に対するメールやLINE配信など一つひとつのCRM施策について、それぞれに対する顧客の反応、アクションを見て、各施策の成果を評価し、次のターゲットやタイミング、訴求ポイント、表現方法などの改善・調整に繋げるための分析です。媒体によって取得可能なデータから分析を行ないます。

たとえば、メール施策であれば、開封されやすいメールの件名についてA/Bテストを実施し、開封率やコンバージョン率を見ながら、購入までの導線を変更するといった改善を行ないます。

図表7-12　出稿広告分析の例

	投下金額				初回	1カ月後	2カ月後	11カ月後	12カ月後
合計	0	合計購入金額	24,035,834	顧客数	1,085	561	340	112	87
		平均購入金額	22,153	継続率		51.7%	60.7%	73.6%	77.0%
		平均購入回数	5.2	平均単価	3,000	5,640	5,760	6,220	6,540
		平均単価	4,244						
organic	_	合計購入金額	837,465	顧客数	21	16	13	7	7
		平均購入金額	39,879	継続率		76.6%	77.9%	87.6%	89.3%
		平均購入回数	5.8	平均単価	3,000	5,500	5,600	6,100	6,200
		平均単価	6,876	合計金額	63,000	88,473	70,174	45,512	41,309
yahoo_ディスプレイ	1,500,000	合計購入金額	5,156,531	顧客数	211	125	77	21	14
		平均購入金額	24,439	継続率		59.3%	61.2%	66.1%	67.8%
		平均購入回数	5.3	平均単価	3,000	5,800	6,000	6,500	7,200
		平均単価	4,611	合計金額	633,000	725,713	459,452	137,894	103,561
google_ディスプレイ	1,000,000	合計購入金額	3,234,263	顧客数	200	84	45	8	5
		平均購入金額	16,171	継続率		42.1%	53.1%	60.4%	63.6%
		平均購入回数	3.9	平均単価	3,000	5,500	5,600	6,000	6,100
		平均単価	4,146	合計金額	600,000	463,100	250,377	48,738	31,514
google_リスティング	1,000,000	合計購入金額	4,011,027	顧客数	97	76	58	36	33
		平均購入金額	41,351	継続率		78.8%	76.4%	89.9%	90.7%
		平均購入回数	5.6	平均単価	3,000	5,500	5,700	6,100	6,600
		平均単価	7,384	合計金額	291,000	420,398	332,863	221,918	217,778
youtube広告	3,000,000	合計購入金額	10,796,548	顧客数	556	259	148	39	27
		平均購入金額	19,418	継続率		46.6%	57.2%	67.5%	69.8%
		平均購入回数	5.5	平均単価	3,000	5,900	5,900	6,400	6,600
		平均単価	3,531	合計金額	1,668,000	1,528,666	874,397	250,446	180,274

図表7-13　WEB広告分析 代表的な指標

数値	①	imp（impression）	WEB広告の表示回数のこと。
	②	Click	WEB広告がユーザにクリックされた回数のこと。
	③	CV（conversion）	WEBサイト上での「成果」のこと。
割合（率）	④	CTR（Click Through Rate）	広告の表示回数に対して、クリックされた割合。 （②÷①）
	⑤	CVR（Conversion Rate）	ランディングページなどの特定のWEBサイト訪問者のうち、購入に至った割合。 （③÷②）
費用対効果 （コスト）	⑥	CPM（Cost Per Mille）	広告表示1,000回あたりにかかるコスト。 （広告費÷①×1,000）
	⑦	CPC（Cost Per Click）	広告を見た消費者の1クリックあたり、いくらかかったのかというクリック単価。（広告費÷②）
	⑧	CPA（Cost Per Acquisition）	顧客1件あたりの獲得コスト。（広告費÷③）

図表7-14　CRM施策分析（アクション分析）の例

メール	送信日時	内訳	メール 送信数	開封数 開封率	URLクリック数(回) クリック率	CV数(人) CV率	CV数(回) CV率
【F2転換ステップメール1】購入ありがとうございます。	2022/6/22	プラチナ会員	11	8 72.7%	2（3） 18.2%	−	−
		ゴールド会員	3	2 66.7%	2（2） 66.7%	1 50.0%	1（1） 50.0%
		シルバー会員	12	6 50.0%	3（3） 25.0%	−	−
		一般会員	22	9 40.9%	7（8） 31.8%	6 85.7%	6（7） 85.7%
		未設定分	8	6 75.0%	1（1） 12.5%	1 100.0%	1（1） 100.0%

送信タイミング	メールの内容	送信数	開封数	開封率	URL クリック数 (人)	URL クリック率 (人)	CV数(人)	CV率(人)	合計売上
注文日+1日	御礼／ごあいさつ	2,678	1,341	50.1%	87	3.2%	5	5.7%	15,560
注文日+3日	【アンケート】あなたのお悩みをお聞かせください	2,569	1,193	46.4%	41	1.6%	0	0.0%	0
注文日+5日	体験者のうれしいお声（VOC）	2,416	986	40.8%	67	2.8%	3	4.5%	35,500
注文日+11日	実感！　続けることでカラダが喜ぶ	2,379	868	36.5%	88	3.7%	8	9.1%	70,150
注文日+14日	間違った飲み方をしていませんか？	2,295	673	29.3%	34	1.5%	6	17.6%	65,060

以上、リピート通販における代表的なデータ分析手法をご紹介しました。繰り返しになりますが、リピート通販の施策の目的は、

新規顧客獲得と既存顧客の継続・売上拡大に集約されます。そのため、まずはリピート通販ビジネスの事業収益に直結するCPOとLTVについて、正確に追い続ける必要があります。LTVは日次で見る必要はありませんが、CPOは日次で追っておきましょう。

そのうえでCPO、LTVの目標との乖離や変化の要因をもう一段深く見ていくために、そのほかにご紹介した分析が有効です。

なお、リピート通販ビジネスでは、多くのデータを取得することができるため、手元にある数値をやみくもに細かく分析したくなりがちです。しかしながら、データを分析するだけで満足して、具体的なアクションまで至らなければ意味がありません。これは分析という手段が目的へとすり替わっている状態であり、私たちはこれを「データ分析の罠」と呼んでいます。

目的が明確でない分析のために時間を費やすのではなく、施策に直結する分析に絞ったほうが圧倒的に大きな効果を生みます。

「生きた顧客像」に迫るデータ活用

一般的なデータ集計や分析を正確に実施することは当然大切ですが、リピート通販ビジネスではさらにその一歩先として、分析結果から顧客を深掘り＝ドリルダウンして顧客像を実感することが大切です。前節で紹介したリピート通販における主なデータ分析手法は、あらかじめKPIを定め、その多寡や変化を追う定量分析が中心です。分析結果の解釈や得られる示唆については担当者の経験や見方によって変わってくる部分がある一方、少なくとも事実としての数値の客観性についてはブレがないものです。

一方、具体的な施策、たとえば広告のクリエイティブの訴求ポイントや表現方法に落とし込むためには、もう一歩踏み込んで、生きた顧客像に迫ることが求められ、私たちはこれを「顧客実感」と呼んでいます。

「顧客実感」とは

辞書によれば「実感」とは、「実際に事物・情景に接したときに得られる感じ」ということです。筆者は、リピート通販において、さまざまなデータを活用して顧客の個人的・主観的な体験価値を捉えることを「顧客実感」としています。

図表7-15　「顧客実感」の考え方

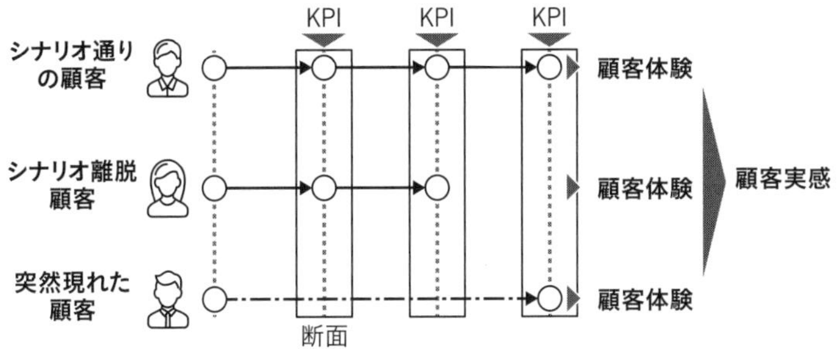

図表7-15において、KPIだけを定量的に追いかけている状態は、縦方向にある時点におけるすべての顧客の状態を輪切りにして見ているものです。顧客が見えているように感じますが、あくまですべての顧客の全体像を漠然と見ているだけで、顧客一人ひとりについては直近の状態、あるいは過去のすべての行動の累積を見ているに過ぎず、一人ひとりの顧客像を深く把握することは困難です。

これに対して「顧客実感」は、横方向で一人ひとりの顧客の行動の経緯・履歴や感情の変化を捉えようとするものです。

もうひとつの視点としてKPIから想像できるのは設定したシナリオ通り、もしくは施策に対して想定通りに動いた顧客のみです。一旦、シナリオから離脱した顧客や、突然現れて購入してはまた消えてしまうような顧客の体験価値をつかむことはできません。顧客は企業側が設定したシナリオ通りに動いてくれるとは限らず、むしろ、予期しない動きをする顧客のほうが多いのが一般的です。想定外の動きをする顧客を含めて、顧客の体験価値を把握するために求められるのが「顧客実感」です。

KPI思考と顧客実感思考

ここで、KPI思考と顧客実感思考を比較してみましょう（図表7-16）。

KPI思考においては顧客のセグメントやファネル（消費者の購入までのプロセスをフェーズ化したもの）単位で考えます。一方、顧客実感思考では一人ひとりのお客さま単位、行動ステップ単位で顧客を見るため、顧客の解像度が上がります。

顧客分析においては、KPI思考では顧客の基本属性や単発の行動、購買履歴が分析対象となります。一方、顧客実感思考では、属性と行動を組み合わせ、事前の行動にも目を向け、単発ではなく、一連の行動が分析対象となります。さらには「顧客の声」、つまり定性データを活用し、一連の行動それぞれの裏にある背景や理由を把握しようとすることが大切です。背景、経緯、心情の変化、決定要因といったことです。これについては、テキストマ

図表7-16 「KPI」思考に「顧客実感」思考を付加する

	「KPI」思考		「顧客実感」思考
解像度	・顧客群 ・セグメント単位 ・ファネル	＋	・顧客単位 ・行動ステップ単位
分析対象	・基本属性 ・単発の行動 ・購買履歴	＋	・一連の行動 ・顧客の声＝背景・理由
ビジュアル	・数値 ・表・グラフ ・紙・PC画面	＋	・行動全体・流れの見える化 ・アニメーション・動画 ・サイネージ

図表7-17　カスタマージャーニーマップの例

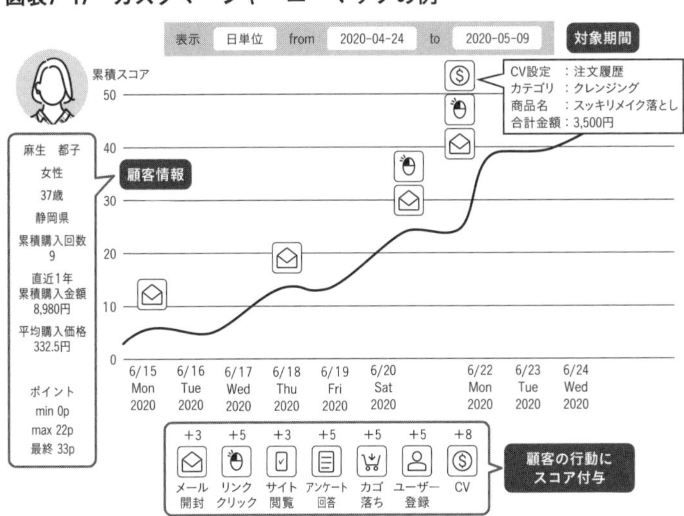

イニング技術を活用した分析手法について後述します。

データ分析のビジュアルについても、KPI思考では数値や表・グラフが中心になりますが、顧客実感思考では、これらに加えて、顧客の行動全体を見える化します。一連の行動の流れを図示したり、アニメーションや動画、さらにはサイネージを活用して、社内関係者で共有することで、顧客の体験価値を想像しようとする姿勢を醸成していくことも大切です。

「顧客実感」の手法①
カスタマージャーニーの見える化（図表7-17）

リピート通販におけるカスタマージャーニーとは、顧客がどのように商品やサービスを知り、興味や関心を抱き、購買に至り、さらにどのような使用感からリピートに繋がったのか、といったことです。そうした一連のプロセスのなかでの行動、不安・不満といった感情の変化、決定要因などについて「旅」になぞらえて可視化する、いわば「商品・サービスをめぐる顧客の旅」といえます。リピート通販におけるカスタマージャーニーについては、以下のような観点での見える化が求められます。

- どこで商品・サービスを知ったのか
- そのとき、なにを感じたのか
- 購買前にWEBではどんな動きをしていたのか
- なにが決め手になり、どのような過程を経て購入したのか
- 最終的になにを買ったのか、検討したが買わない商品はあったのか、それはなぜか
- 同時に買った商品はなにか。それはなぜか
- 購入した商品を使用してどんな感想を持ったのか

これらは一例ではありますが、このようにデジタルの世界で行なわれる購買行動やコンタクト履歴をチェックし、顧客が商品・サービスをめぐってどのような旅をしていったのかトレースしていくのがカスタマージャーニーです。購買の理由や感情の変化、決定要因については、たとえば、WEB画面上で購買いただいた際に、簡単なアンケート画面をポップアップ表示し、その場で回答いただくことも有効です。

また、顧客をファン化していくためにも、こうしたカスタマージャーニーの視点から、一連のコミュニケーション全体を設計することが求められます。

「顧客実感」の手法②　テキストマイニング技術を活用した「顧客の声」分析（VOC：Voice of Customer）

一人ひとりの顧客を深く実感するために、把握しておきたいのが購買の理由、心情・感情の変化、購買後の評価・不満、さらには趣味趣向といったことです。なぜ、顧客はその商品を買ったのか、なにが購買や利用の決め手になったのか、CMやキャッチコピーのどんな点に共鳴したのか、どんな趣味趣向と合致したのか、その商品を使ってなにを感じ、どう評価し、どこに不満を感じたのか。そうしたKPIには表れない、顧客の個人的・主観的なところまで把握できれば、より顧客の実態に迫ることができます。

一般に顧客の体験価値は、図表7-18のように分類することができます。顧客の体験価値が「お得」「便利」から「楽しい」「安心」「共感」と深まっていくにつれて、デジタルデータによって見える化することの難易度は上がっていきます。「安心」「共感」

図表7-18　プロモーション施策と顧客体験価値

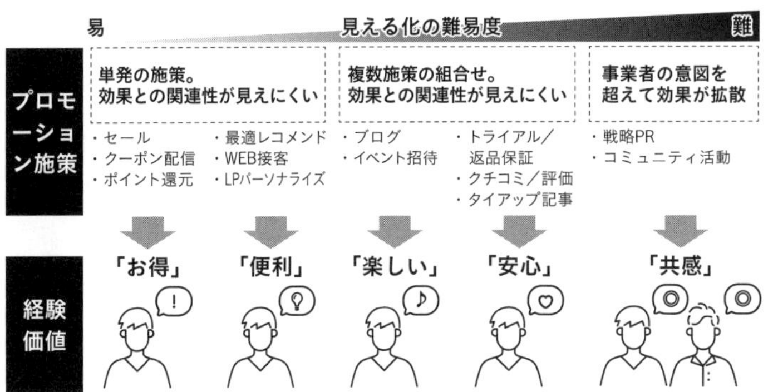

といった感情は顧客の行動情報だけから把握することはできず、アンケートの自由回答へのコメントやコールセンターに寄せられる声など定性情報を活用して初めて捉えられる体験価値です。こうした体験価値を実感して、施策に反映できれば、施策の効果は飛躍的に高まります。

こうした定性情報の分析に力を発揮するのがテキストマイニングです。ヒトが書いた文章や発した言葉は、そのままでは数値化できませんが、テキストマイニングは文章を単語や文節に分割し、コンピュータが処理しやすいように加工したうえで、その出現頻度や相関関係を分析する技術です。アンケートの自由回答欄に記入された内容には多様性や強弱があって当然であり、その違いにこそ顧客の本音や実態が反映されています。

もちろん、「顧客の声」だけを見てもWEBサイトへのアクセス状況や購買履歴はわかりません。定量情報と定性情報を重ね合わせて見ることで、活きた顧客像に迫る「顧客実感」が可能となります。たとえば、特定の商品を繰り返し購入する優良顧客が感じる価値と初回購入顧客が感じる価値は、大きく異なるでしょう。そこで「購入回数」という定量情報と「顧客の声」という定性情報を重ね合わせることで、優良顧客と初回購入顧客の特性の違いを知り、そこから、それぞれに提供すべき体験価値を逆算して考えることが可能となります。

顧客体験は、一人ひとり異なります。だからこそ、企業は、それぞれの顧客が感じた体験価値を実感することが大切です。

具体的に、商品の解約に関する「顧客の声」の活用について、一例を紹介したいと思います。

商品：健康食品
課題：定期コースの解約率を改善したい

以下では、顧客の定期コース解約率を減少させるためのステップを整理します。

ステップ1：解約理由を可視化する

「顧客の声」（VOC）のテキストマイニングにより、解約理由を可視化する。

一般的に、健康食品の場合は「ドクターストップ」「価格が高い」「効果がない」「飲み余り」といったキーワードが解約理由の上位を占めることが多い。

ステップ2：具体的な仮説を立てる

ステップ1の結果をもとに顧客が解約に至る道筋について具体的な仮説を立て、それぞれの解約理由と顧客を関連付け、定量情報と重ね合わせて分析を行なう。

リピート通販の場合、商品の継続期間などによって解約理由の順位が異なることがある。たとえば、継続期間が長くなるほど「飲み余り」による解約が相対的に増える傾向が見られる。

ステップ3：改善のためのアクションを実行する

具体的な改善策を打ち出し、実行する。当然、解約理由によって、改善策は異なる。

たとえば、「飲み余り」が解約理由として増加するタイミングより前に、継続的に飲んでもらうための習慣付けを意識させるた

図表7-19　ファンになっていただくためのコミュニケーション

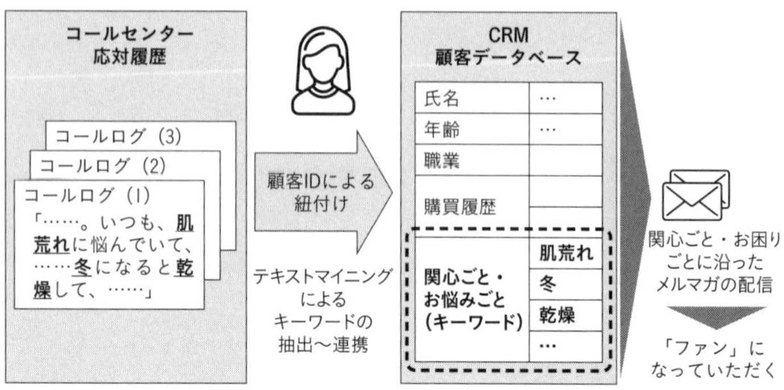

めの情報提供をフォローシナリオに加えるといったことである。

テキストマイニングを利用すれば、こうした施策の精度と至るまでのスピードを大きく向上させることができます。

このほか、コールセンターに寄せられる「直接的な商品・サービスに対するお問い合わせ」以外の会話内容から、お客さまの関心事や「お困りごと」を把握し、その解消に繋がるような情報をメルマガで配信するといったことも有効です。図表7-19では、コールセンターでのオペレータとの会話履歴から、テキストマイニングによって「肌荒れ」「冬」「乾燥」といった「お困りごと」のキーワードを抽出し、顧客データに加えることで、その解消に繋がる情報をメルマガでお送りするものです。

メルマガによって、商品・サービスの直接的なプロモーション・販売を狙うだけでなく、「お困りごと」に寄り添い、役に立つ情報を提供することで、長い視点で「ファン」になっていただくアプローチです。

「顧客の声」をテキストマイニングで分析し、顧客を実感することで、こうした具体的な施策に繋げることができます。

第8章

リピート通販ビジネスを効果的に実践するための組織・プラットフォーム

リピート通販・リピート型D2Cの市場　第1章

基本的な考え方
(成功企業が実践する基本原理)　第2章

参入市場の決定、商品設計・開発　第3章

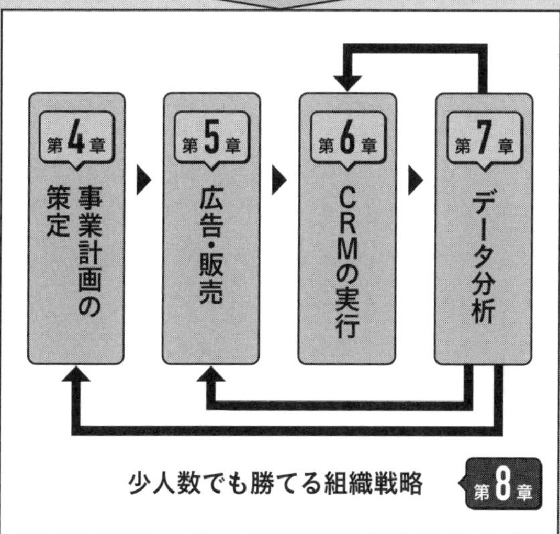

1 リピート通販における組織システムの基本理解

横断的な組織をつくる

リピート通販事業において、前章までに述べてきた戦略を実践していくうえでは、組織のあり方や動き方を最適化する組織戦略が求められます。

近年、リピート通販企業向けの無料セミナーなどが急増していますが、その影響からか、組織体制も類似する会社が増えた印象があります。よく聞くのは、「新規顧客獲得」を1つのチームとして、新規受注以降を別チームで運営するという組織体制です。新規顧客獲得はWEBマーケティングや広告出稿など多様で変化に富んだ業務となること、また新規顧客獲得数というわかりやすく目に見える成果が出ることもあって、社内で花形的なポジションになることが多いようです。経営幹部が新規顧客獲得チームにだけ張り付いているケースも多く見られます。

一方、このように「新規顧客獲得」のみに特化したチームは、他のチームと分断されやすいというデメリットがあります。リピート通販事業においては、新規に獲得した顧客を優良顧客に育成すること、つまり継続的に購入し続けてもらいLTVを拡大していくことが極めて重要ですが、「新規顧客獲得チーム」と「既存顧客育成チーム」が分断されているがために、顧客育成がスムーズにいかないケースがあるようです。実際には、たとえば、「顧客の声」を新規顧客獲得のチラシに掲載するといった、両者を横断した施策が求められるため、「新規顧客獲得」と「顧客育成」の視点をオーバーラップできる組織づくりが必要となります。

ほかにも、通販と実店舗の両方を持つ企業では互いに売上を競い合ったり、顧客を取り合ったりするようなケースが見られます。しかしながら、顧客にとっては、店舗で丁寧に商品説明してもらい、納得したうえで通販チャネルで購入して自宅まで配送してもらえるのはうれしいことです。したがって、通販と店舗が社内業内においても有機的に連動し、かつ、双方にとってのメリットを生み出せる体制・仕組みを構築することが求められる訳です。

重要な役割を担うデータ分析担当者

データ分析の重要性は第7章でお話ししたとおりですが、分析結果は、施策の立案や実施した施策を評価する明確な根拠となります。常に数値的な根拠をもって判断するというプロセスを構築することが求められ、その中核を担うのがデータ分析担当者です。

リピート通販事業において、直接的に数値を扱う分析担当者は「分析担当」とか「アナリスト」などと呼ばれることがあります。前述の通り、リピート通販事業においては、CPO、LTVをはじめとして、見るべき指標はさまざまあり、分析結果を的確に解釈し、スピーディに施策の見直しへの示唆を導くという極めて重要な役割を担います。

ただ、そもそもデータ分析を社内で行なうべきか外部に委託すべきか、社内で行なうならどのような人材が最適か、そうした人材をどのように探し育成するかなど、多くの企業が悩むポイントです。一つひとつ考えてみましょう。

Q1：データ分析を社内で行なうべきか？

リソースの問題はありますが、データ分析はできるかぎり社内で行なうほうがメリットが大きいといえます。データ分析はリピート通販の要です。小さなテストを繰り返してその結果から施策を拡大実施し、事業の発展を目指すビジネスモデルですから、そのスピードと精度が大切です。スピーディな判断、また事業への深い理解が求められるという観点から、基本的にデータ分析担当は社内に置くべきでしょう。

Q2：データ分析担当に最適なのはどのような人材か？

リピート通販では、たった1人の顧客の反応がその後の判断を左右することがあります。1人の反応をないがしろにしない人は、データ分析担当として適任であり、逆にいえば、どんなに数値に強くても、そこにこだわれない人物は不適格です。

たとえば、テスト販売などで小さな異常値に気がつかないままロールオーバー（＝拡大実施）してしまえば、あとから問題が発覚してその原因を検証しようとしても再現性のある検証結果が得られなくなる可能性があります。期待通りのレスポンスを得られず、最終的に大きな機会損失を招くことにも繋がります。

ある健康食品会社で、毎回の受注件数が5〜6件だった雑誌の掲載広告が、あるとき10件を越えたことがありました。担当者が違和感を持って詳しく調べたところ、たまたまその日にテレビインフォマーシャルの受注管理に使っていた広告番号が類似していて、オペレーターが入力ミスをしていたことがわかりました。もしもこの担当者が、数件のレスポンス増加について異常値の可能性を疑っていなかったら、そのあとこの雑誌広告に追加投資するといった誤った判断をしていた可能性もあります。

このような事象はあらゆる企業において起こりうるものですから、データ分析担当には些細な違和感も敏感に見逃さないような人材を配置したいところです。

Q3：有用な人材をどのように探し、育成するか？

データ分析担当に理想的な人材として、昨今「データサイエンティスト」と呼ばれるような、ITシステムに明るく、データ分析のスキルが高く、さらに数値を読み取り、意思決定に繋がる示唆を導けるような人材が挙げられます。しかし「ITシステム」と「データ分析」に精通していて、さらに事業への示唆を提言できるような人材は、滅多にいるものではありません。そこで考えられるのが、事業に精通したマーケターに対して、ITシステムやデータ分析の教育をするか、システムに明るい人材に事業関連の知識・スキルを教育するかの二択です。どちらにするかは、社内の人材の特性や教育環境から判断するのが良いでしょう。

ある通販会社では、社内でデータ分析コンテストを定期的に行ない、適性を見極めて分析担当者を選定するという試みを続けています。

一般に多くのリピート通販企業において、データ分析担当者の絶対数が不足しており、今後、リピート通販事業の規模拡大を見込む企業において深刻なボトルネックになっていく可能性が想定されます。こうした人材の育成は、多くのリピート通販企業における喫緊の課題といえるでしょう。

コールセンターの役割と体制

リピート通販事業において、バックオフィス部門は年々その重要性を増していますが、なかでも重要なのが、コールセンターです。

従来のコールセンターは、電話での受注業務を行なう部門であり、利益を生まないバックオフィス部門の1つと認識されてきました。しかし現代のリピート通販事業においては、コールセンターに対する認識は刷新されつつあります。

リピート通販事業におけるコールセンターは、大きく2種類あり、顧客からの電話注文や問い合わせの対応をメイン業務とするインバウンドと、既存顧客への電話でのご様子伺いや休眠顧客への架電営業をメイン業務とするアウトバウンドです。

インバウンドと呼ばれる受電業務を担うコールセンターは、具体的にはテレビのインフォマーシャルやラジオCMなどの広告を実施した際の電話注文の対応、また既存顧客からの商品の使用方法や飲み方などの問い合わせといった対応における企業側の最初の窓口として消費者と接触する「入口」となる部署です。WEB広告の場合でも、LPに電話番号の記載がある場合は、数%程度はコールセンターが受注します。また最近では、インバウンドを担うコールセンターの役割が拡大しつつあり、メールの返信対応や有人対応型のチャットボットの運用を担っている企業もあります。

オペレーターは決まったトークスクリプトに沿って説明したり問い合わせに対応するだけでなく、企業の顔として、LTVに大きく影響を与える存在です。そのため、特に既存顧客の対応については、できるだけ自社内で行なうほうがよいでしょう。実際、通販ランキングの上位企業では、優良顧客には専任の担当オペレーターを配置するなど、顧客との関係性を深めるための工夫をしているケースが見られます。

一方、アウトバウンドと呼ばれる既存顧客への架電業務を担うコールセンターは、商品の利用状況の確認や、休眠顧客に対して再購入を促すといった売上に直結する業務を担います。通常、事業者側のタイミングで架電することになるため、インバウンドよりも高い対話スキルが求められます。

リピート通販事業を開始した直後の企業では、新規顧客獲得のための予算が小規模なケースも多く、コールセンターを内製化する場合が多いようです。徐々に受注が増え、自社でまかないきれなくなってきた段階でアウトソーシングを検討してもいいでしょう。複数企業の受電を共用で受ける「シェアード」と呼ばれるアウトソーサーを活用すれば、コストを抑えることができます。

アウトソーシング先の選定にあたっては、「基本料金」のような固定費や管理費、コール単価といったコストはもちろん大切ですが、リピート通販企業との取引実績や、イレギュラーな問合せへの対応可否なども含めて確認し、判断することが重要です。また、フロアの職場環境や個人情報漏洩のリスクがないかなど、現地を見学して確認することをおすすめします。職場環境については現場のモチベーションに関わることなので、オペレーターの離職率やフォロー体制なども確認したいところです。

コールセンターの運用と他部門との連携

コールセンターは新規顧客獲得のための広告戦略や既存顧客に対するCRM戦略と密接に関連する部門ですから、社内の関連部門との連携が非常に重要です。たとえば、新規顧客の獲得にあたっては、広告部門と以下のような情報を事前に共有しておくことで、コールセンターの機能は格段に向上します。

(1)いつ広告出稿するのか
(2)どのような訴求ポイント・表現方法で出稿するのか
(3)どのような媒体に出稿するのか
(4)どれだけの量を出稿するのか
(5)想定されるレスポンスや顧客属性はどんなイメージか

コールセンターのオペレーターは通常、顧客との会話の「声」だけで意思疎通を図るため、経験値だけではなく、場面に応じた細やかな対応やホスピタリティも求められます。心理的な負担がかかるポジションでもあり、顧客対応の質を維持するうえでも、上記のような情報を常に共有しておくことが大切です。

また、オペレーター個人ごとのパフォーマンスとして、受注率やF2転換率、LTVの差異も見ていく必要があります。さらに、コールログによる会話内容の分析は、サービス品質の向上と均一化、最適化を図っていくために不可欠です。

リピート通販事業の場合、媒体や商品によっても異なるものの、コール数に対する受注率の目標は6割から7割、特別な購入特典（オファー）がある場合には8割程度を目指したいところです。オペレーターによって明らかな差がある場合は、コールログデータに基づき、案内が適切にできているかなどを確認し、本人にフィードバックする必要があります。

オペレーターによって、F2転換率にも差が生じることがあります。これは商品知識や個人の適性というよりは、目先の成果を意識しすぎたトークが行なわれていないかといった定型スクリプトからの逸脱の可能性が疑われます。いずれにせよ、分析の結果から「企業の顔」であるオペレーターのスキルを上げるための改善施策をスピーディに打ち出し、実践していくことが、売上と利益の向上に繋がります。なお、これらは、コールセンターを内製化している場合も、外部にアウトソースしている場合でも同様です。

また、オペレーターに問い合わせの傾向をヒアリングした場合、強いクレームを連続して受けていたりすると感覚的に「クレーム数が多い」と捉え、管理部門に報告する場合があります。「現場の声」の一報は大切ですが、本当にクレーム数が多いのか、増えているのかといったことは必ず客観的に検証しましょう。

いずれにしても、コールセンターを単独の部署として孤立させるのではなく、社内の関連部門と有機的に連携することが大切であり、そのことが最終的にはLTVの拡大へと繋がっていきます。

2 マーケティングプラットフォームの活用

マーケティングプラットフォームの役割

リピート通販事業のデータを活用した業務のなかには、多大な手間や時間がかかるものがたくさんあります。その業務の多くをカバーして工数を削減し、効果を最大化するための専門ツールがITを活用した「マーケティングプラットフォーム」です。限りある人的リソースの中でデータを分析し、新規顧客獲得やCRMの施策を効果的に実践し、その成果を高めるために非常に有用です。

一般にリピート通販事業においては、顧客数が増え、ビジネスの規模が拡大しても、行なうべき業務内容は大きく変わらず業務量も比例して大きくはならないため、こうしたツールを効果的に活用することで、相対的に人的コストを圧縮し、利益を拡大していくことができます。

マーケティングに関する専門ツールは「MA（マーケティング・オートメーション）」「CRM」など呼ばれ方はさまざまですが、カバーできる範囲は広範囲で、進化し続けています。ここでは専門ツール全般を「マーケティングプラットフォーム」と呼び、どのようなポイントで導入を判断するべきかお話ししていきましょう。

選定基準①工数の削減

顧客のプロフィールから購買履歴、電話・メール・LINE等による各種問い合わせ、さらに自社のWEBサイトへのアクセス状況など、多岐に亘る大量のデータを収集・統合して分析し、施策に落とし込むためには、膨大な作業を要します。リピート通販事業の実務担当者のなかには、常に目の前の作業に追われて施策改善策の模索すら許されないというケースが少なくありません。そこで、マーケティングプラットフォームを選定するにあたってポイントとなるのが、これらの作業工数をいかに削減できるかという点です。

データの収集が得意なツールであっても、それらを統合することが得意とはかぎりません。またデータを統合できたとしても、データの持ち方によっては求める分析アウトプットに容易に対応できない場合もあります。すなわちマーケティングプラットフォームを選定するポイントとしては、実務に対応する形でいかにデータを活用できるか、自動化すべきところが自動化できるか、結果としてトータルの作業工数を削減できるかといった視点が大切です。

実務担当者は、施策を週次・年次といった単位で繰り返し実施しますし、案内メールの作成や送付といったことは日次の定型業務です。新たなCRM施策が社内で提案されても、なかなか手が回らないというのが現実です。マーケティングプラットフォームによる効率化・自動化の目的は、その先にある次に打つべき施策の検討・実施にあります。思い描いた未来まで形にできるようなプラットフォームを選ぶことが大切です。

選定基準②ST＋PDCAサイクルの実現

リピート通販事業においては、施策を実行したら、その結果のデータをすぐに分析・検証し、次の施策を考えるというサイクルを実践することが重要です。そしてこのサイクルを高速で回すことが事業成長の機会損失を防ぐことに繋がります。

また、施策改善の精度という観点も不可欠です。施策改善の精度が高ければ高いほど、売上に直結する効果的な施策になっていきます。そのためには実施した施策の効果検証において、必ず、ひとりの顧客まで掘り下げて、反応を確認・実感することが大切です。

施策を実施した結果を俯瞰的に確認するとともに、ひとりの顧客、つまり「個客」までドリルダウンして個に迫ることができるマーケティングプラットフォームこそが、リピート通販において事業の継続的な拡大を支えることができます。

図表8-1　ST＋PDCAサイクルの概念

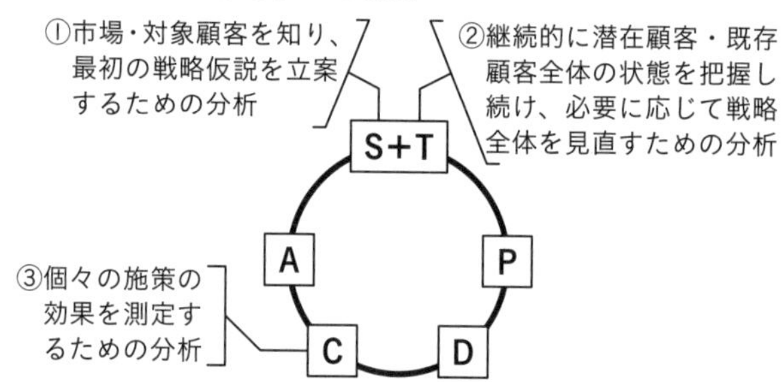

選定基準③
「顧客実感」により、ヒトの創造性を引き出すこと

マーケティングプラットフォームを通じて「顧客実感」を得られるかどうかは、とても重要なポイントです。

「顧客実感」については7章で述べた通り、自社の顧客像をきちんと実感として捉えるということです。

これまで述べてきた通り、顧客の過去の購買履歴はLTVという指標に集約されますし、購買頻度や単価などの状態は、RFM分析によって把握できます。しかしながら、そうしたマクロな指標だけでは、たとえば顧客の購買行動が施策実施後にどのように変わったかといったことはわかりません。だからこそ、顧客一人ひとりを見る「顧客実感」という考え方が不可欠なのです。

リピート通販事業では、顧客と直接対面する機会はほとんどありません。そこで見えない顧客をさまざまなデータからリアルに実感することが求められます。「顧客実感」を突き詰めることができれば、同業他社に対して大きなアドバンテージを得ることができます。アンケートへの自由回答に含まれる「ひと言」や、F2転換に要する数日の差など、点のように小さなデータを拾い集めて「顧客実感」に迫ることがとても重要なのです。

マーケティングプラットフォーム導入の実例

ここで、私たちが提供するマーケティングプラットフォーム「カスタマーリングス」の導入の実例をご紹介しましょう。

CASE さくらフォレスト株式会社

健康食品やヘアケア用品、化粧品など40に及ぶ幅広い商品ラインナップでリピート通販事業を展開する福岡県の企業です。「カスタマーリングス」導入以前は、ECシステムから各種CSVデータを抽出し、AccessやExcelでのデータ統合、集計レポート作成など、数多くのツールを併用しデータ分析を行なっていました。しかし、手作業でのデータ加工には膨大な作業時間を要し、一部には統合できないデータがあったり、さらには、分析結果の関係部門への共有が難しいといった状態でした。結果的に、データを分析して、意思決定や施策に生かすまでに1か月以上もの時間がかかり、しかもLTVなど最低限のデータを分析するのがやっとという状況でした。

同社は、もともと各部門間のコミュニケーションが活発であり、さらにデータ分析が追いつかない状況下でも、顧客へのアンケートを途切れさせないなど、豊富なデータの蓄積がありました。

こうした素地もあって、「カスタマーリングス」導入後は劇的に状況が変化しました。どの部門でも必要なデータをタイムリーに取り出し、日次で確認できるようになりました。顧客からの反応を媒体・プロモーション別に分析するなどして、施策への落とし込みの頻度も上がり、組織横断的な連携は速度と精度を増していきました。

単純作業に追われることなく効率的に施策を打つことができる環境は、同社のリピート通販ビジネスを成長させるとともに、同

図表8-2　顧客体験価値を提供する流れ

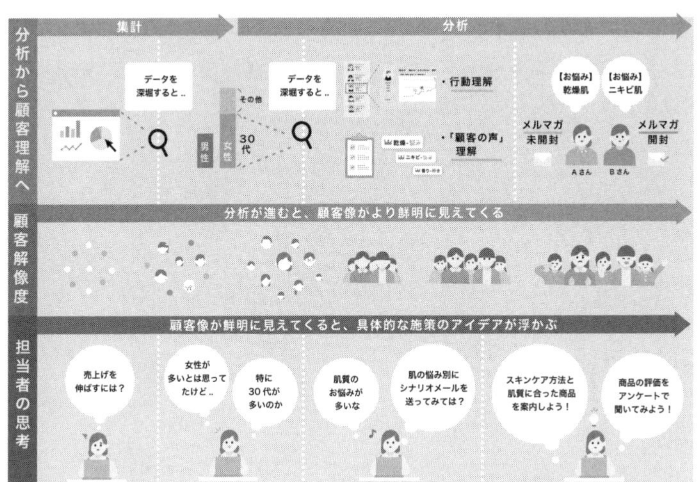

社の掲げる「ともに豊かに」というコンセプトの実現を加速することにもなりました。顧客参加型のイベントを定期的に開催するなど、「カスタマーリングス」を通じて成し得た顧客との近い距離感でのブランディングは、同業他社との差別化にも繋がっています。

消費者の志向や市場のトレンドが目まぐるしく変わっていくなかで、企業が自社の強みや独自性を維持し伸ばしていくためには、企業が持つ各種データを統合し、①「顧客の行動」と②「顧客の声」という2つを把握することで得られた示唆をもとに、できるだけスピーディに施策に還元するサイクルを構築することが重要です。「カスタマーリングス」は、企業が意図する「顧客体験価値」が顧客にどのように伝わり、実際にどう捉えられているのかをリアルタイムに、かつ現場レベルで把握できる情報プラットフォームとしての役割と顧客とコミュニケーションを行なうマーケティングオートメーションの機能を同時に提供しています。

おわりに
――新しい景色を見るために

過去から現在に至るまで、リピート通販ビジネスに関する書籍やハウツー本はたくさん出版されています。ビジネスの理論を紹介した書籍もあればテクニックや事例を提示している書籍もあり、その内容は多岐にわたります。しかし私たちは、そうした書籍が実際の現場で十分に活用されない様子を見てきましたし、同時にデジタル・マーケティングの進化や時代の変化と相まって、顧客との向き合い方を含めてリピート通販ビジネスに関する書籍にアップデートが必要であることを痛感し、本書の出版に至りました。

リピート通販ビジネスに参入する企業が増える一方で、撤退する企業も存在します。市場規模は拡大していますが市場環境の変化が激しく、ビジネスの難易度は確実に上がっています。

本書で述べたように、リピート通販ビジネスでは「新規顧客獲得」と「既存顧客の維持・拡大」の両輪をいかにうまく回すかが重要ですが、その両方をうまく回し続けている企業はごくまれです。多くの企業はどちらか一方、または両方に課題を抱えているように見受けられます。

課題を解決するためには、固定観念にとらわれず、目の前の事象を正しく把握すること。そして、可能性が高いと思われる仮説から順番に実践・検証していくことが最善の打ち手だと考えています。

リピート通販ビジネスでもっとも難しいのは、完成型や終わりがないことです。このビジネスを取り巻く環境は絶えず変わり続けますから、企業側も変わり続けなければなりません。それは、たとえこれまで先導してきた担当者がいなくなったとしても同じことであり、現に通販ランキングの上位企業の多くは、それぞれの部署で特定の担当者に依存しない体制構築に注力しています。

現代は、数多の社会情勢の変化が訪れ、将来の予測が困難なVUCA（Volatility、Uncertainty、Complexity、Ambiguity）の時代といわれます。ウィズコロナからアフターコロナへと向かい、新しい生活様式が広がりつつある時代のなかで、テクノロジーの進化によってこれまでに存在しなかった、もしくは実現できなかったような商品やサービスが登場しています。そんななかで、リピート通販ビジネスはどのように変化していくのか。もし変わらない部分があるとすれば、それはどんな部分なのか。それはきっと時間を経て、振り返ってみてはじめてわかることが多いのだと思います。

時代の変化や課題を乗り越えた、その先にある「新しい景色」を見るためには、歩みを止めることなく、粘り強く前に進むよりほかありません。それこそが、リピート通販ビジネスを成功させる唯一の方法なのです。

本書には、リピート通販事業の基本と具体的な戦略を理解していただけるような内容を凝縮しました。「はじめに」でも述べたように、本書はリピート通販ビジネスモデルに携わるすべての実務担当の方に、そして新規参入を考えている経営者の方や事業責任者の方に向けて執筆しましたが、この業界でのキャリアが長い方にとっても役立つところがあるかと思います。社会も市場も大きく変わりつつあるこの時代は、これまでの常識は容易に通用しなくなるでしょう。そんなときに立ち返っていただきたいのが、本書でお伝えした基本であり、どのように自社のリピート通販ビジネスを発展させていくか、本書がその道を拓く1つのきっかけとなってくれれば、著者としてとてもうれしく思います。その意味でも、ぜひデスクに置いて忙しいお仕事の合間に読み進め、読んで得られた気づきやメモを書き込んで、どんどん汚して、「あなただけの本」にしていただければと考えています。

とはいえ、すぐには理解しづらい内容や、どう実践していくか悩まれる内容もあったことと思います。迷ったときには、お気軽に私たちにご連絡ください。私たちはいつでも、みなさまと一緒に進む準備をしてお待ちしています。

2023年6月　株式会社プラスアルファ・コンサルティング

梅田哲平・山崎雄司・中居隆

[著者略歴]

梅田哲平（うめだ・てっぺい）

株式会社プラスアルファ・コンサルティング　主任コンサルタント

専修大学経営学部卒業後、大手食品会社などを経て、2011年、通販大手のグループ会社に入社。事業全体の数値管理、マーケティング施策の立案、新規獲得およびCRMの施策改善を目的としたデータ分析業務に従事。年商250%達成に貢献。2018年、プラスアルファ・コンサルティングに入社。通販事業者支援の経験を活かし、主にリピート通販およびD2C立ち上げ推進など、さまざまなプロジェクトに参画している。

山崎雄司（やまざき・ゆうじ）

株式会社プラスアルファ・コンサルティング　執行役員

日本大学経済学部卒業後、トランス・コスモス株式会社に入社。電話やデジタルのマーケティング支援、CRMプロジェクトを経験し、2011年にプラスアルファ・コンサルティングに入社。2017年より現職。営業とマーケティングの両部門を管掌し、ITを駆使したデータ活用から、現場担当者の付加価値を向上させる各種自社システムの企画・推進に従事。また新規事業の企画・開発や人材育成、グループ会社経営など多方面で活躍している。

中居 隆（なかい・たかし）

株式会社プラスアルファ・コンサルティング　取締役

東京大学工学部船舶海洋工学科修士課程修了後、株式会社野村総合研究所に入社。事業開発・技術開発の戦略策定、ナレッジマネジメント、テキストマイニングなどを担当。2016年、プラスアルファ・コンサルティングに入社。多様な分野でのデータ分析、戦略策定支援の経験を活かし、CRMやタレントマネジメントなどSaaS型ソリューションの提案、コンサルティング、新サービスの企画開発を進めている。

装丁　華本達哉（aozora）
DTP・図版作成　明昌堂
編集協力　ブランクエスト

顧客に選ばれ続ける
強いリピート通販事業の作り方

2023年6月11日　初版発行

著　者　梅田哲平／山崎雄司／中居隆

発行者　小早川幸一郎

発　行　株式会社クロスメディア・パブリッシング
〒151-0051 東京都渋谷区千駄ヶ谷4-20-3 東栄神宮外苑ビル
https://www.cm-publishing.co.jp
◎本の内容に関するお問い合わせ先：TEL(03)5413-3140／FAX(03)5413-3141

発　売　株式会社インプレス
〒101-0051 東京都千代田区神田神保町一丁目105番地
◎乱丁本·落丁本などのお問い合わせ先：FAX(03)6837-5023
service@impress.co.jp
※古書店で購入されたものについてはお取り替えできません

印刷・製本　株式会社シナノ

ISBN978-4-295-40757-7　C2063